n polnischen und
vor der national-
gewiesen.

Gebrauchsanweisung für Masuren

Andreas Kossert

Gebrauchsanweisung für Masuren

PIPER

Mehr über unsere Autorinnen, Autoren und Bücher:
www.piper.de

Wenn Ihnen dieses Buch gefallen hat, schreiben Sie uns unter Nennung des Titels »Gebrauchsanweisung für Masuren« an empfehlungen@piper.de, und wir empfehlen Ihnen gerne vergleichbare Bücher.

Unser Versprechen für mehr Nachhaltigkeit
- Klimaneutrales Produkt
- FSC®-zertifiziertes Papier
- Hergestellt in Europa

FSC www.fsc.org
MIX
Papier | Fördert gute Waldnutzung
FSC® C083411

ISBN 978-3-492-27673-3
2. Auflage 2024

Redaktion: Margret Trebbe-Plath, Berlin
Karte: Peter Palm, Berlin
Satz: Fotosatz Amann GmbH & Co KG, Memmingen
Gesetzt aus der Bembo und der Trade Gothic
Litho: Lorenz & Zeller, Inning am Ammersee
Druck und Bindung: CPI books GmbH, Leck
Printed in the EU

Für Renate

Überall in diesem traurigen Lande kann man eine solche Ruhe, eine so ungeheure Nervenlosigkeit bemerken, dass jeder kultivierte Mensch dadurch nervös werden muss, beim längeren Verweilen einfach tiefsinnig. Ich habe z. B. auf einem Studienaufenthalt in Oletzko während einer ganzen Woche nur folgende Lebewesen getroffen: ein Ferkel, zwei Taucher, einige Spatzen, meinen Freund Skibbe und in weiter Entfernung ein Etwas, das ich zuerst für einen Baum hielt, als es sich aber nach einer Stunde etwas fortbewegt hatte, als einen Briefträger erkannte, der mir übrigens auch am nächsten Tage einen Eilbrief brachte.

Robert Budzinski, *Entdeckung Ostpreußens* (1914)

Hej, Mazury, jak wy cudne!
Gdzie jest taki drugi kraj!

Hej, Masuren, wie seid ihr wunderschön!
Nirgends gibt es ein solches Land!

Polnisches Lied über Masuren (nach 1945),
wohl von W. Jurzykowski

Inhalt

In die Masuren?

Bereits eine Reise nach Masuren beginnt häufig holprig. Daran sind jedoch keinesfalls die Straßen schuld. Es holpert vielmehr bei der deutschen Grammatik. Jahrzehntelang beschäftige ich mich nun schon mit Masuren und stoße weiterhin auf dieses leidige Ärgernis, dem aus unerfindlichen Gründen nicht beizukommen ist. »In die Masuren« ist häufig zu lesen. Der falsche Artikel stammt aus dem Polnischen, wo diese Landschaft tatsächlich nur in der Mehrzahl existiert. Deshalb lautet ein bekanntes polnisches Lied über Masuren *Hej, Mazury, jak wy cudne*, was übersetzt bedeutet »Hej, Masuren, wie seid ihr wunderschön.« Anders verhält es sich jedoch im Deutschen, wo Masuren im Singular steht. Ich möchte Sie in diesem Band deshalb herzlich einladen, mit mir »nach Masuren« zu fahren. Dessen ungeachtet, sprechen selbst Feuilletons und Reiseseiten deutscher Zeitungen unbeirrt von »den« Masuren; auch Reisebüros bewerben häufig Fahrten »in die Masuren«, als würde man frontal in mehrere masurische Menschen fahren.

Die Verwendung des falschen Artikels spricht Bände über den Umgang der Deutschen mit dieser Region. Man kann über die Gründe nur spekulieren. Ist es Gleichgültigkeit oder Ahnungslosigkeit? Vielleicht sogar kulturelle Überheblichkeit gegenüber Landschaften im östlichen Mitteleuropa, die für viele Deutsche anscheinend nur irgendwo »dahinten« liegen? Stellen Sie sich vor, Sie würden in Ihrem Freundeskreis berichten, Sie seien »auf die Toskana« oder »nach Provence« gefahren. Garantiert träfe Sie ein empörter Aufschrei oder ein mitleidiges Lächeln, Sie würden sich womöglich den Vorwurf eines ungebildeten Tölpels einhandeln. Seien wir ehrlich, das ließe man Ihnen bei Landschaften wie der Côte d'Azur, der Toskana und der Provence nicht durchgehen. Bei Masuren scheint man großzügiger zu sein und ein sprachlicher Patzer gesellschaftlich verzeihlich, während viele Reisende an Orten mediterraner Sehnsüchte eine bildungsbürgerliche Beflissenheit an den Tag legen. Eifrig ahmen vor allem Deutsche als Reiseweltmeister das Savoir-vivre oder La Dolce Vita nach, umarmen dabei natürlich auch sprachlich korrekt diesen Lebensentwurf, denn sie wollen möglichst authentisch erscheinen.

Und Masuren? Hier wird es einmal mehr holprig, denn wir betreten vermintes Gelände. Anders als bei klassischen Reiselandschaften Italiens oder Südfrankreichs geht es in Masuren ans Eingemachte, weil Deutsche hier zu den Tiefen ihres Seelenhaushalts vordringen, jedenfalls für diejenigen, die überhaupt noch wissen, wo dieses Masuren liegt. Deshalb schwingen Heimat, Verlust und eine unbestimmte Sehnsucht mit, die zugleich eine Selbstvergewisserung von eigener Identität bedeuten kann. Millionen Menschen in Deutschland haben hier ihre Wurzeln: Und genau diese familiäre Verbindung unterscheidet Masuren von der Toskana, von Barcelona oder Nizza. Deshalb klingt bei Masuren diese merkwürdige Ambivalenz an, denn es reisen häufig sehr persönliche Gefühle mit. Viele deutsche Familienbiografien begannen einst hier, mit allen Verwerfungen und Annäherungen an die eigene Geschichte. Und so ist eine Reise nach Masuren häufig zugleich eine kritische Überprüfung überlieferter Wahrheiten, Geheimnisse, Mythen und Klischees.

Der leider viel zu früh verstorbene Journalist Klaus Bednarz, der als kleiner Junge auf dem Hof seiner Großeltern im masurischen Ukta das Laufen lernte, brachte es auf den Punkt, als er über Masuren vom »fernen nahen Land« sprach. Bis zum Ende des Zweiten Weltkriegs lag Masuren als Teil Ostpreußens in einem Deutschland, das in den Trümmern des Dritten Reiches unterging. In ihrem Nachleben verklärte man jene verlorenen Landschaften zu Sehnsuchtsprojektionen. Keine ehemalige deutsche Provinz erfuhr eine derartige Aufmerksamkeit wie Ostpreußen. Lange Zeit erzielten Erinnerungen, Romane oder Reiseberichte hohe Auflagen.

Noch heute scheint Ostpreußen als emotionaler Resonanzraum zu funktionieren. Eines der erfolgreichsten belletristischen Debüts der letzten Jahre, Dörte Hansens 2015 erschienener Roman *Altes Land*, erzählt eine ostpreußische Familiengeschichte über drei Generationen, von ihrer Flucht bis in die Gegenwart im Hamburger Umland. Diese spezifische Verbundenheit mit Masuren hält viele Deutsche jedoch nicht davon ab, jenen falschen Artikel zu benutzen. Als Dörte Hansens erfolgreicher Roman 2020 verfilmt wurde, hörte man die Kinder der ostpreußischen Flüchtlinge, die längst in der Hamburger Gegenwart angekommen waren, »in die Masuren« sagen. Mit keiner Silbe steht davon etwas in Dörte Hansens großartigem Roman, der Fehler schlich sich irgendwie in das Drehbuch ein und überlebte hartnäckig viele Redaktionsrunden bis zum fertigen Film.

Jene Nachlässigkeit scheint zu einem angestrengten Vergessen zu passen, das ich immer wieder beobachte im Verhältnis der Deutschen zu Masuren. Seit dem Wirtschaftswunder wollten viele Deutsche ihre eigene Geschichte hinter sich lassen. Historische Amnesie machte sich breit, wenn es um Masuren ging. Dass die Masurische Seenplatte mitten in Europa liegt, ist eine geografische Tatsache, die für viele kaum glaubhaft zu sein scheint. Im Zuge des langen Weges der Deutschen nach Westen, wie es der Historiker Heinrich August Winkler in seiner beeindruckenden Geschichte Deutschlands genannt hat, verschob sich ihr historisches Koordinatensystem weit Richtung Westen. Nach 1945 lag Masuren hinter dem Eisernen Vorhang, irgendwo im Osten, und schien dem inneren Wahrnehmungshorizont der Deutschen endgültig verloren, getreu der Devise, besser nicht daran zu rühren oder danach zu fragen.

Ferne Nähe oder nahe Ferne: Unser Verhältnis zu Masuren und dem historischen Ostpreußen bewegt sich in dieser seltsamen Spannung. Nah lag es einst als Keimzelle Preußens. Königsberg und Ostpreußen waren bis 1945 bedeutende Bezugspunkte des preußischen Staates. Hier waren Litauer und Deutsche jahrhundertelang Nachbarn über eine Grenze hinweg, die niemals trennte, sondern kulturelle Brücken schlug, weshalb keine andere preußische und später deutsche Landschaft mit einer solchen Vielfalt aufwarten konnte.

In diesem Band beschreibe ich den heute polnischen Teil des alten Ostpreußen: Masuren, polnisch Mazury, eines der großen Naturparadiese in Mitteleuropa. Seine Seen und Wälder luden immer wieder ein, die einzigartige Landschaft über die Maßen zu verklären, ja sogar zu verkitschen. Ihren Bewohnern stand nie der Sinn nach einer solchen Verkitschung, weil ihr schweres Leben vom bäuerlichen Rhythmus der Jahreszeiten keinen Raum für mythenbildende Gefühligkeit ließ.

Große Geschichte schrieben andere in den fernen europäischen Kapitalen, während die Masuren im Grenzland häufig die Folgen der Entscheidungen dieser anderen, der Regierenden in Berlin, Warschau oder Paris zu spüren bekamen, wie der 2014 verstorbene Schriftsteller Siegfried Lenz in seinem herrlichen Erzählungsband *So zärtlich war Suleyken* über seine Kindheitslandschaft schrieb: »Meine Heimat lag sozusagen im Rücken der Geschichte; sie hatte keine berühmten Physiker hervorgebracht, keine Rollschuhmeister oder Präsidenten.«

Die Menschen dieser Landschaft schufen weder intellektuelle Hotspots noch eine industrielle Revolution oder politische Rebellion; ein Versailles, Schönbrunn oder Sanssouci sucht man ebenso vergeblich. Vielmehr lag ihr Potenzial woanders, wie Siegfried Lenz wusste: »Was hier vielleicht gefunden wurde, war das unscheinbare Gold der menschlichen Gesellschaft, Holzarbeiter und Bauern, Fischer, Deputatarbeiter, kleine Handwerker und Besenbinder. Gleichgültig und geduldig lebten sie ihre Tage, und wenn sie bei uns miteinander sprachen, so erzählten sie von uralten Neuigkeiten, von der Schafschur und vom Torfstechen, vom Vollmond und seinem Einfluß auf die neuen Kartoffeln, vom Borkenkäfer oder von der Liebe.«

Nach 1945 dominierten vor allem Trauer und wehmütige Abgesänge das Bild Ostpreußens im verbliebenen Deutschland. Dem liegt eine elementare Erfahrung zugrunde, weil für viele Millionen Menschen in Deutschland mit dieser Landschaft ein persönlicher Verlust verbunden war. Als Folge der Potsdamer Beschlüsse fiel das südliche Ostpreußen an Polen. Seine Bewohner verloren nicht nur ihre Heimat, sondern ihre soziale und materielle Existenz. Als Habenichtse kamen sie in den vier Besatzungszonen an und wurden wenig freundlich aufgenommen; von einer Willkommenskultur konnte damals keine Rede sein.

In den Fünfzigerjahren schuf das Heimweh der Vertriebenen in der Bundesrepublik jedoch ein eigenartiges und häufig rückwärtsgewandtes Bild von den Regionen, die verloren waren. Vor allem jenes von Vertriebenenverbänden mit ihren lautstarken Forderungen setzte sich bei vielen fest. Immer mehr drohte die Erinnerung zu erstarren. Kaum jemand interessierte sich überhaupt für Masuren, geschweige denn für seine neuen, polnischen Bewohner, für ihre Geschichte und ihre Lebenswelten. Die polnische Gegenwart fand nicht statt, sie wurde einfach ausgeblendet.

Früher kursierte im Deutschen Reich der Spottvers über die masurischen Hinterwäldler: »Wo sich aufhört die Kultur, beginnt zu leben der Masur.« Nach dem Zweiten Weltkrieg hat sich an diesem schiefen Bild auch in Polen wenig geändert. Viele Polen teilen zwar die Erinnerung an Ferien an den masurischen Seen, aber lange galt die Region als rückständig. Aufgrund der hohen Arbeitslosigkeit verließen viele Bewohner ihre Heimat. Wie zu deutscher Zeit seit der Gründung des Kaiserreichs ins

Ruhrgebiet, ziehen heute noch junge Polen aus Masuren fort, dorthin, wo sie Arbeit finden, in die polnischen Großstädte, nach Deutschland, Großbritannien oder Irland.

Masuren stemmt einen tiefgreifenden Strukturwandel, dessen Herausforderung in einer vernünftigen Balance zwischen Modernisierung und Nachhaltigkeit liegt. Viel steht dabei auf dem Spiel, der größte Reichtum bleibt die einzigartige Naturlandschaft. Umweltschutz kommt deshalb einer Investition in die Zukunft gleich, um dauerhaft mit einem nachhaltigen Tourismus Landschaft, Menschen und Geschichte in Einklang zu bringen. Polnische Gegenwart, verflochten mit einer spannenden Kultur und Historie, möchte ich Ihnen näherbringen und dabei das eine oder andere Klischee hinterfragen.

Heute »zieren« Masuren manche Wochenenddomizile neureicher Warschauer, die sich protzige Villen mit streitbarer Architektur erbauen ließen, eine spätkapitalistische Landnahme, bei der die ansässige Bevölkerung nicht gefragt wurde. Auf der örtlichen Beliebtheitsskala rangieren »die Warschauer« – wenig überraschend – deshalb weit unten. Ihren schlechten Ruf haben sie sich redlich erworben. Manche politischen Entscheidungen aus der Hauptstadt gingen und gehen zulasten der Natur, ohne Rücksicht auf die Bedürfnisse der Menschen vor Ort. Niemand verschloss sich hier Veränderungen, aber die waren zum Teil zu gewaltig, etwa beim Straßenausbau, der dazu führte, dass viele Baumalleen monströsen Schnellstraßen weichen mussten. Dagegen regte sich lautstark Widerstand, durch den so manche wunderbare Allee vor den Motorsägen gerettet werden konnte.

Dazu gehört der Kampf zahlreicher Gruppen wie Greenpeace Polska gegen den vierspurigen Ausbau der

Droga ekspresowa S 16, einer Schnellstraße von Sensburg über die Großen Masurischen Seen nach Lyck, die auch den bekannten Biebrza-Nationalpark im Nordosten Polens nicht unbeeinträchtigt ließe. Unter dem Motto »Ratujmy Mazury.pl« (»Retten wir Masuren«) protestieren sie gegen eine Verkehrsverbindung, die kaum Vorteile für die masurische Bevölkerung verspricht, sondern vor allem dem schnelleren internationalen Güterverkehr zwischen den baltischen Staaten und Westeuropa dient. Mit einem geschätzten Verkehrsaufkommen von etwa 4000 Lkw und 22 000 Pkw täglich würde eine brutale Schneise durch die schönsten Landschaften Masurens geschlagen.

Es steht viel auf dem Spiel für Masuren und seine einzigartige ökologische Vielfalt. Vor Ort existiert eine lebendige Zivilgesellschaft, die sich dem kommerziellen Ausverkauf zunehmend entgegenstellt. Sie kämpft dafür, die einzigartige Natur als Lebensgrundlage für künftige Generationen zu bewahren. Das ist auch in einem weiteren Sinn ein Segen, denn diese Graswurzelbewegung für die Bewahrung der einzigartigen Kulturlandschaft Masuren wird von einer jüngeren Generation getragen, deren Großeltern und Eltern nach 1945 als Fremde hierherkamen.

In meinem Fall war es genau umgekehrt. Besuche in Masuren bedeuteten für mich zugleich eine Annäherung an die eigene Familiengeschichte. Meine Großeltern hatten Masuren 1945 für immer verlassen müssen und trauerten um ihre verlorene Heimat. Wenn sie von zu Hause erzählten, meinten sie bis zu ihrem Lebensende Masuren. In ihrem Wohnzimmer hing eine Schwarz-Weiß-Fotografie, auf der ein Dorfteich zu sehen ist, in dessen Wasser sich die hohen Bäume auf der anderen Seite spiegeln, hinter denen ihr heimatlicher Bauernhof schemenhaft zu erkennen ist. Wahrscheinlich hatten meine Großeltern dieses Bild in den Sechzigerjahren aus einem kleinen Foto vergrößern und mit einem Rahmen versehen lassen. Viele Familienfeiern mit Kaffeetafeln und Abendessen fanden in diesem Wohnzimmer statt, wo es in einer Ecke am Fenster hing. Auf Familienfotos kann man im Hintergrund das gerahmte Bild vom Dorfteich erkennen. Diese Fotografie baute eine Brücke in ihr altes Leben, das unwiederbringlich verloren war.

Aus diesem alten Leben überdauerte fast nichts in unserer Familie, das ich hätte berühren können. Nichts Dingliches. Keine Möbel, kein Porzellanservice, kein Silberbesteck, weder Erbstücke noch Dachbodenromantik. Manchmal beneidete ich als Kind deshalb die Freunde, mit denen ich auf Dachböden ihrer seit Generationen in Familienbesitz befindlichen Häuser in alten Sachen wühlen konnte. Trödel, Klamotten, Kisten und Schränke – ein Paradies. Für meine Freunde spielte es keine Rolle, ob unsere »Schätze« auf dem Dachboden von Urgroßeltern, Onkeln oder Tanten stammten, alles verschwamm zu einem unausgesprochenen »Wir sind von hier«, wo Herkunft nie hinterfragt werden musste. Flüchtlingsfamilien besaßen dagegen lange überhaupt keine Dachböden, weil sie zunächst nur provisorisch irgendwo Obdach gefunden hatten. Wenn sie schließlich ein eigenes Häuschen bauten, standen ihre Dachböden für gähnende Leere, denn aus ihrem alten Leben konnten Flüchtlinge selten etwas retten, weshalb sie buchstäblich mit leeren Händen kamen.

Heute hängt der masurische Dorfteich in seinem vergilbten Rahmen über meinem Berliner Schreibtisch. Für mich schien lange Zeit die alte Welt meiner Großeltern nur aus Schwarz-Weiß zu bestehen. In einem alten Fotoalbum zeugten wenige verblassende Fotografien davon, dass sie ein Leben hatten, das ich nicht kannte. Ein Foto zeigte meinen Großvater mit seinen Pferden, wie sie gemeinsam nach einem kraftraubenden Erntetag ein erfrischendes Bad im See nehmen. Auf anderen war ein Fahrradausflug der Dorfjugend abgebildet, Hofhund Senta, die Familie feierlich im Sonntagsstaat im Vorgarten, voll beladene Erntewagen vor der Scheune, meine Urgroßmutter mit ihrer Enkelschar beim Hühnerfüttern, und viele Hochzeitsbilder, auf denen mir weitgehend unbekannte Familienmitglieder zu sehen sind.

Als ich erstmals nach Masuren fuhr, gemeinsam mit meinen Großeltern, erlebte ich einen Schock. Nichts deckte sich mit diesen alten Schwarz-Weiß-Bildern, denn alles, was ich nun als Jugendlicher vor Ort sah, schien zu meinem großen Erstaunen in buntesten Farben gemalt. Endlich konnte ich die Erzählungen meiner Großeltern mit der Wirklichkeit abgleichen.

Manchmal dachte ich, dass mir alles seltsam vertraut vorkam, obwohl ich nie zuvor in Masuren gewesen war. Es war Hochsommer, Ende Juli, die schwülwarme Luft stand förmlich. Eine sommerliche Trägheit lag über dem Land. So hatte ich mir einen Sommer in Masuren immer vorgestellt. Ich erinnere mich noch genau an das summende Orchester der Bienen und Hummeln – und an die allgegenwärtigen Mücken. Kühe, an langen Ketten angepflockt, lagen auf dem Dorfanger im Schatten der Bäume, gepiesackt von lästigen Bremsen. Überall roch es nach Landleben, nach unlängst gedroschenen Getreidefeldern, Johannisbeeren und Frühkartoffeln.

Gemeinsam mit meinen über siebzigjährigen Großeltern gingen wir durch ihr Heimatdorf. Was das für sie bedeutete, habe ich erst viel später verstanden. Unverändert lag der Dorfteich im Mittelpunkt, den ich aufgrund des alten Fotos im Wohnzimmer sofort ausmachen konnte. Leicht versandet, doch farbenfroh, ein grünes Meer von Bäumen spiegelte sich in der Wasseroberfläche. Auf ihm schnatterten wie eh und je Enten und Gänse, die zu den benachbarten Höfen gehörten. Störche hatten ihre Nester auf jenen Häusern und Scheunen bezogen, wo sie nach den Erzählungen meiner Großeltern bereits vor mehr als einem halben Jahrhundert genistet hatten. Für sie war deshalb keines der erspähten Storchennester eine Überraschung.

Jener Sommer in Masuren – das klingt fast wie ein schlechter Roman – veränderte mein Leben. Je öfter ich wiederkehrte, verdichteten sich meine Eindrücke und ließen Masuren und Polen für mich zu einer faszinierenden Wirklichkeit werden. Ich fing an, Polnisch zu lernen, und fortan ließ mich dieses Land nicht mehr los.

Nach Masuren kamen die heutigen Bewohner fast ausnahmslos als Fremde, in eine Landschaft, die bis zum Ende des Zweiten Weltkriegs Teil Deutschlands und davor Preußens war. Im engeren Sinne existiert hier also keine nationale polnische Vergangenheit, denn zu keinem Zeitpunkt war Masuren Teil eines polnischen Staates. Für diese Gebrauchsanweisung bleibt jedoch ein Blick in seine Geschichte unverzichtbar. Deshalb möchte ich Ihnen auch von meinem Polen erzählen.

Mein Polen

Seit 1987 reise ich nach Polen, erstmals in den späten Jahren der Volksrepublik. Das Regime versuchte, mithilfe des Kriegsrechts den antikommunistischen Widerstand zu brechen. Die Bilder der friedlichen Proteste gingen um die Welt, als die verbotene Gewerkschaft Solidarność mit ihrem Anführer Lech Wałęsa an der Spitze gegen die Unterdrückung aufbegehrte. Einer der größten Unterstützer der Oppositionsbewegung war der katholische Priester Jerzy Popiełuszko, der im Herbst 1984 vom polnischen Geheimdienst entführt und ermordet wurde. Sein grausamer Tod brachte das Regime in immer größere Erklärungsnöte und ließ die Staatsmacht ernsthaft wanken.

Als ich 1987 Popiełuszkos Gemeindekirche im Warschauer Stadtteil Żoliborz besuchte, stand das Gotteshaus unter Beobachtung des Geheimdienstes. An der Beisetzung des populären Priesters hatten 800 000 Menschen teilgenommen. Spätestens seit dieser Zeit galt die Warschauer Stanisław-Kostka-Kirche als nationales Symbol gegen die kommunistische Diktatur. Mitten in der Woche kamen unentwegt Menschen, um Kirche und Grab des ermordeten Pfarrers zu besuchen; ein täglicher Protest gegen die Diktatur und für die Freiheit.

Wenige Jahre später konnte ich als Student ein freies Polen entdecken. Seit 1996 habe ich insgesamt mehr als zehn Jahre meines Lebens in Polen verbracht, zunächst für Archivrecherchen in Masuren, dann in Warschau. Für mich bleiben es prägende Jahre, da ich das Land mitten in einem schwierigen Transformationsprozess erlebte. Die Menschen hatten große Herausforderungen zu stemmen, wirtschaftlich, sozial und gesellschaftlich. Polen zu verstehen heißt immer auch, seine dramatische Geschichte zu kennen. Dann wird vor allem begreiflich, warum die Vergangenheit allgegenwärtig zu sein scheint.

Von seinen mächtigen Nachbarn im Osten wie im Westen mal als Beute aufgeteilt, mal annektiert, mal besetzt und verschoben, machten die fremden Mächte Polen zu einem Friedhof der europäischen Zivilisation. Als Teil der »Bloodlands«, wie der amerikanische Historiker Timothy Snyder jene europäischen Regionen nannte, lebte hier die sogenannte Moderne unter deutschen und sowjetischen Vorzeichen ihre schlimmsten Seiten aus, durch Krieg, Terror, Besatzung und Vernichtung. Seit dem 1. September 1939 gehörte diese Erfahrung zum polnischen Alltag. Das Land arrangierte sich nicht in faulen Kompromissen mit Hitler oder Stalin, sondern stellte sich den mächtigen Aggressoren mutig entgegen, während seine Verbündeten zuschauten. Ein aussichtsloser Kampf, denn Polen stand allein da.

Als in Deutschland noch nicht an Bombenkrieg zu denken war, starben in jenem September 1939 in Warschau 20 000 Menschen im deutschen Bombenhagel;

zehn Prozent der Bausubstanz ging damals verloren. Schließlich errichteten die deutschen Besatzer mitten in der Stadt ein Getto, pferchten Hunderttausende Juden auf engstem Raum hinter Stacheldraht und Mauern. Im Sommer 1942 begannen die Deportationen aus dem Warschauer Getto direkt in das Vernichtungslager Treblinka. Am Ende waren es 310 000 Warschauer Juden, die dort unweit der Hauptstadt ermordet wurden.

Nachdem die Deutschen das Getto endgültig räumen wollten, blieben im Januar 1943 noch 60 000 Juden zurück, die im April zum offenen Kampf gegen ihre Mörder übergingen. Fast einen Monat leisteten sie der deutschen Übermacht mit dem Mut der Verzweifelten erbitterten Widerstand. Dem Aufstand ist das Denkmal der Helden des Gettos (Pomnik Bohaterów Getta) gewidmet, an der Zamenhofa-Straße im Stadtteil Muranów. Vor dem Denkmal kniete Bundeskanzler Willy Brandt bei seinem ersten Besuch in Warschau spontan nieder. Mit dieser Geste setzte er einen entscheidenden Akzent für die deutsch-polnische Annäherung und Versöhnung.

Im Sommer 1944 brach der große Aufstand gegen die deutschen Besatzer in der Hauptstadt los, während die sowjetischen Truppen am östlichen Weichselufer tatenlos zuschauten. An seinem Ende versank das alte Warschau endgültig in Schutt und Asche. Der Freiheitswille der Warschauer kostete 16 000 ihrer Soldaten das Leben, 150 000 bis 180 000 tote Zivilisten kamen hinzu, von denen 40 000 exekutiert wurden. Das ist die Bilanz. Doch damit begnügten sich die Deutschen nicht. Plündernd und brandschatzend zogen sie durch die Überreste der polnischen Hauptstadt, um Polens Metropole an der Weichsel dem Erdboden gleichzumachen.

Kaum ein Ort ließ mich die Gegenwart von Geschichte so deutlich spüren wie Warschau. An Hauswänden hingen Gedenktafeln, die an Massenexekutionen durch die deutschen Besatzer erinnerten. Unweit meiner Wohnung im Stadtteil Stary Mokotów ging ich täglich an einem Denkmal vorbei, das mir besonders im Gedächtnis geblieben ist, auf dem an die öffentliche Exekution von 112 inhaftierten Polen im benachbarten Pawiak-Gefängnis erinnert wurde. Ein Faksimile der deutschen Bekanntmachung, die den Mord ankündigte, erinnerte an das Verbrechen mitten in der pulsierenden Großstadt. Darin befahl der SS- und Polizeiführer für den Bezirk Warschau, Franz Kutschera, in deutscher und polnischer Sprache ihre öffentliche Hinrichtung am 3. Dezember 1943 auf dem Innenhof des Gebäudes auf der Puławska-Straße 21/23. Selten hat mich ein Mahnmal mehr bewegt. In schwarzen Lettern auf rotem Hintergrund standen säuberlich aufgelistet die Namen der Hingerichteten mit ihren Geburtsdaten, manche waren nicht einmal zwanzig Jahre alt gewesen.

Warschaus und Polens dramatische Geschichte ist unverzichtbare Voraussetzung, um die polnisch-deutschen Beziehungen zu verstehen, und damit auch Masuren. In der weltweiten Erinnerung existiert kaum ein Ort, der ähnlich dem tschechischen Lidice oder dem französischen Oradour-sur-Glane an polnische Opfer erinnert. Das liegt vor allem daran, dass die Deutschen das besetzte Polen gleichzeitig zum Ort für die Vernichtung der europäischen Juden wählten. Für Polen überwiegen vor allem Orte, die mit genuin jüdischem Leiden verbunden sind. In der polnischen Hauptstadt Warschau kamen im Zweiten Weltkrieg mehr als zweimal so viele Menschen um wie in ganz Frankreich. In Polen existieren Hunderte Orte mit den Ausmaßen von Oradour und Lidice, aber bis heute blieben sie außerhalb Polens weitgehend unbekannt.

Die Ermordung unschuldiger Zivilisten gehörte in Polen zum Besatzungsalltag. Deshalb bleibt die Erinnerung an Krieg und Besatzung vor allem in der polnischen Hauptstadt lebendig. Am 19. April, jenem Tag, an dem 1943 der Gettoaufstand begann, schmücken Flaggen jedes Haus. Am 1. August, dem Tag, an dem 1944 der zweite Aufstand losbrach, heulen um 17 Uhr die Sirenen in ganz Warschau, Menschen gedenken überall der Stunde, an der sich ihre Hauptstadt gegen die Deutschen erhoben hat.

Das alles gehört zu den Eindrücken, die mich und mein Verhältnis zu Polen nachhaltig prägen sollten. Unvergesslich bleibt mir der Beitritt Polens zur Europäischen Union 2004 und – noch viel eindrücklicher – der Tod von Papst Johannes Paul II. im April 2005. Als die Totenmesse aus dem Vatikan im polnischen Fernsehen live übertragen wurde, erlebte ich die ansonsten fast immer verstopfte Warschauer Stadtautobahn – die Wisłostrada – völlig autofrei. Mit dem Fahrrad fuhr ich ganz allein auf der vierspurigen Autobahn durch eine Geisterstadt. Das Zusammenspiel von nationaler Identität und Katholizismus erschien in diesem Augenblick greifbar. Polen tickte anders als das weitgehend säkularisierte Westeuropa, das zeigte dieser Tag.

Literatur war für mich ein wichtiger Schlüssel, um unser Nachbarland besser zu verstehen. Während meines Polonistikstudiums an der Berliner Humboldt-Universität lernte ich die Werke des Schriftstellers Kazimierz Brandys kennen. Bis heute einer meiner Lieblingsautoren, wenn es darum geht, Polen historisch und vor allem mental zu verstehen. Kazimierz Brandys beschrieb in seinem beeindruckenden *Warschauer Tagebuch* die schweren Jahre von 1978 bis 1981, immer mit historischen Rückblenden und Reflexionen. Er, der als Jude den Antisemitismus in Polen am eigenen Leib erfahren hatte und schonungslos beim Namen nannte, der sich dann einer kommunistischen Utopie andiente, um sich schließlich angeekelt von ihr abzuwenden, schilderte die Stimmung im Land, als im Oktober 1978 der Pole Karol Wojtyła zum Papst gewählt wurde.

In der Tradition der polnischen Romantik wähnten viele Polen ihr geschundenes Land als »Christus der Völker« und klammerten sich an den sogenannten Messianismus, der die Wiederauferstehung Polens verhieß. Im Herbst 1978, so schrieb der eher rationale, linke Intellektuelle Kazimierz Brandys, seien auf einmal alle Polen zu Messianisten geworden und glaubten an ein Wunder, »als hätten sie seit zweihundert Jahren auf den Tag der Ankunft gewartet. Eine so irrationale kollektive Reaktion konnte nur durch die Gene eines Volkes vermittelt sein, das im Laufe von zehn Generationen den Glauben an die irdische Gerechtigkeit der Geschichte verloren hatte«. Alle sprachen angesichts der polnischen Geschichte von einem Wunder. »Es hat so vieler blutiger Bürgerkriege, so vieler Teilungen und Verrätereien bedurft, damit das, was in anderen Ländern als politisches Denken, staatsbürgerliches Bewusstsein oder Rechtsempfinden auftritt, sich bei uns in ein sehnliches Verlangen nach einem überwirklichen Zeichen des Himmels verwandelte. Sowohl Betschwestern als auch Intellektuelle führten an diesem Tag das Wort ›Wunder‹ im Mund.«

Sein erster Besuch als Papst Johannes Paul II. führte den Nachfolger Petri in seine polnische Heimat, mitten im Kommunismus. Noch bei seiner neunten Pilgerfahrt hierher im August 2002 vermochte er bei einer einzigen Messe in Krakau 2,7 Millionen Gläubige anzulocken. Für Polen personifizierte er die alte Bedeutung des polnischen Katholizismus als Bindeglied zwischen Volk und Nation. Auch nach seinem Tod blieb Johannes Paul II. allgegenwärtig, durch Denkmäler und Erinnerungstafeln, die man zum Teil bereits zu seinen Lebzeiten errichtet hatte, wie durch große Straßen und Plätze, die seinen Namen tragen.

Sein Todestag, der 2. April 2005, war ein Samstag. An diesem ungewöhnlich warmen Abend strömten viele Menschen in die Warschauer Altstadt. Alle polnischen Fernsehkanäle übertrugen über Leinwände auf Straßen und Plätzen, machten das Sterben ihres Papstes öffentlich. Kneipen und Restaurants waren gut gefüllt, aber überall herrschte eine getragene und gedrückte Stimmung.

An diesem Abend war ich mit Freunden zum Abendessen in einem Restaurant verabredet. Alle starrten gebannt auf den Bildschirm am Eingang. Plötzlich erklang im Fernsehen ein erster Glockenschlag, es war die Sterbeminute des polnischen Papstes, unvergesslich, 21.37 Uhr. Der Fernsehkommentator wiederholte unablässlich die erschütternde Botschaft: »Ojciec święty nie żyje« (»Der Heilige Vater ist tot«), im Hintergrund ertönte der durchdringende Glockenschlag. Die jungen Kellnerinnen, die uns eben noch mit Getränken versorgt hatten, knieten vor dem Bildschirm und weinten. Keiner wollte mehr bleiben, wir internationalen Gäste halfen beim Abräumen, kassierten an den Tischen ab und legten das Geld auf den Tresen.

Draußen eilten an diesem lauen Aprilabend von überall Menschen herbei, niemand wollte allein sein in diesem historischen Moment. In allen Gesichtern waren Fassungslosigkeit und Trauer zu lesen. Kerzen standen in den Fenstern, die Glocken sämtlicher Kirchen läuteten, wildfremde Menschen fielen sich in die Arme. Vor der Annen-Kirche am Ende der Krakowskie-Przedmieście-Straße ergatterte ich ein Taxi, das mich nach Hause bringen sollte.

Auf der Fahrt weinte der Taxichauffeur, er habe wie alle Polen mit dem Heiligen Vater ein enges Familienmitglied verloren. Wir saßen lange im Auto vor meinem Haus, doch konnte er sich nicht beruhigen. Meine Nachbarn standen weinend im Treppenhaus. Ich lud die Nachbarn und den mir völlig unbekannten Taxifahrer zu mir nach Hause ein, schweigend, weinend und schließend redend verbrachten wir die Nacht in meinem Wohnzimmer, begleitet von einer Flasche schottischem Single-Malt-Whisky.

Als schließlich ein Deutscher zum Nachfolger Petri gewählt wurde, erreichten mich, den evangelischen Deutschen, von polnischen Freunden und Bekannten Glückwünsche. Ganz Polen freute sich über die Wahl von Benedikt XVI. Meine Zeitungsverkäuferin in Warschau, die ich über Jahre nur durch ihr kleines Kioskfenster kannte, kam eigens heraus und gratulierte mir überschwänglich zur Wahl von Joseph Ratzinger.

Begegnungen wie diese ermöglichen einen Einblick in die seelische Verfassung Polens, in der sämtliche dramatischen Ablagerungen der Geschichte in einem kollektiven Langzeitgedächtnis gespeichert zu sein scheinen. Denn obwohl Polen unser wichtigster Nachbar im Osten ist, bleibt das Land für viele Deutsche eine Terra incognita. Dabei liegt Polen direkt vor unserer Haustür. Allein eine gute Prise menschlicher Neugier sollte uns alle mindestens zu einem Tagesausflug dorthin locken. Stettin, Breslau und Posen sind um die Ecke; Danzig, Warschau und Krakau für ein langes Wochenende ebenfalls gut erreichbar, ob per Auto, Bahn oder Flugzeug. Oder eben Masuren! Mit dieser *Gebrauchsanweisung* möchte ich Ihnen auf ganz persönliche Art und Weise mein Masuren und mein Polen näherbringen und Sie einladen, es selbst zu entdecken. Fahren wir also gemeinsam *nach Masuren*!

Reise in ein melancholisches Land

Ob am Flüsschen Krutinna, in Nikolaiken oder am Beldahnsee: Überall in Masuren habe ich schon Menschen getroffen, die hierher gereist waren. Per Bus, Auto, Bahn oder Fahrrad hatten sie sich auf den Weg gemacht. Noch in den Neunzigerjahren dominierten jene deutschen Reisenden, deren erster Beweggrund Heimweh hieß. Sie wollten ihre alte Heimat wiedersehen, die sie gegen ihren Willen 1945 hatten verlassen müssen. Auf ihren Fahrten knüpften sie unzählige Bande zu den heutigen Bewohnern, wenn sie ihre Geburtshäuser, Schulen, Kirchen und Gräber auf den alten Friedhöfen besuchten. Sie waren es, die auch dann noch weiter wacker nach Osten fuhren, als ihre deutschen Landsleute sich an den Stränden des Südens tummelten.

Manchen Deutschen galten diese seltsam anmutenden Besucher abschätzig als Heimwehtouristen. In Masuren waren sie jedoch stets willkommen, weil die polnischen Bewohner das Heimweh teilten, denn sie selbst trauerten vielfach um ihre Heimat in Wilna, Lemberg oder Grodno, die heute in Litauen, der Ukraine und Weißrussland liegt und aus der sie von der stalinistischen Sowjetunion vertrieben worden waren; andere wiederum litten am Verlust ihres alten Warschau, das die deutschen Besatzer dem Erdboden gleichgemacht hatten.

Bei meinen ersten Reisen nach Masuren und noch während meines längeren Forschungsaufenthalts in den Neunzigerjahren waren im ländlichen Masuren Telefone selten zu finden, von Handys ganz zu schweigen. Deshalb erfolgten Besuche auf dem Land grundsätzlich unangemeldet. Das verlief immer nach folgendem Schema: Meistens wählte ich im Dorf XYZ den Weg über den Hof zur Hintertür, weil die Vordertüren auf dem Land nie benutzt werden. Dafür musste ich das Hoftor durchschreiten, eine Klingel gab es nirgendwo. Dieser bedurfte es auch nicht, denn spätestens jetzt war mein Ankommen von einem oder mehreren Hofhunden registriert worden, die mir, ich gestehe es offen, tiefen Respekt einflößten. Manchmal kam es einer wirklichen Mutprobe gleich, denn in Masuren tummelten sich seltsame Promenadenmischungen, denen ich bis heute nicht recht über den Weg traue.

Zwischenzeitlich hatte das laute Gebell meinen Besuch angekündigt, und die Hofbewohner tauchten von irgendwo auf, aus dem Haus, Stall oder Garten. Nach herzlicher Begrüßung und dem allfälligen Vorwurf, warum man so lange nicht vorbeigekommen sei, führte das selbst am frühen Morgen unweigerlich zu einem reich gedeckten Tisch, der immer wie aus dem Nichts bestückt schien. Im Nu standen – besonders im Sommer – frische Tomaten, Zwiebeln, Gurken, Brot, Schinken, Würste, Kuchen,

Tee und Kaffee darauf. Wodka durfte nicht fehlen, meistens blieb es nicht bei einem Glas, da es auch auf Polnisch so schön heißt, man könne ja wohl kaum auf einem Bein stehen, weshalb stets nachgeschenkt werden musste: *na drugą nogę* …

Diese Gastfreundschaft kannte ich aus Deutschland nicht, wenn überhaupt dann nur aus Familien, die ebenfalls aus den östlichen Landschaften stammten. Vor allem liebte ich jene herzliche Spontanität und verbindliche Gastlichkeit, die dadurch zum Ausdruck kam. Nicht umsonst lautet eine alte polnische Redewendung: »Gast im Haus, Gott im Haus« (»Gość w dom, Bóg w dom«).

Polska gościnność – polnische Gastfreundschaft – war und bleibt für mich immer auch eine sehr persönliche Erfahrung. Pani Jadwiga, die seit Kriegsende auf dem Hof meiner Großeltern lebte, hieß meine Familie stets aufs Neue auf so wunderbare Weise willkommen, dass es uns fast beschämte. Eines Morgens kam ich, der ewig hungrige Student, bei ihr vorbei. Sie, eine resolute Bäuerin, die die deutsche Besatzungsherrschaft als Zwangsarbeiterin überlebt hatte, arbeitete in Kittelschürze und Gummistiefeln im Garten. Ich sehe sie vor mir, wie ich unangekündigt den Hof betrat, sie wischte sich die Hände an der Schürze ab, ein buntes Kopftuch schützte sie vor der Sonne. Ohne mich ausreden zu lassen, stellte sie kurz fest, dass ich sicherlich hungrig sei, schnappte sich, während sie sprach – ich schwöre, dieser Schilderung wohnt keine dramaturgische Zuspitzung inne –, ein bis zu diesem Zeitpunkt glückliches Huhn inmitten einer munteren Hühnerschar und schlug es gegen die Wand des Hühnerstalls. Mit dem traumatisierten Tier in der Hand sagte sie mir, dass es in drei Stunden Mittagessen gäbe. Nach einem ausführlichen

Spaziergang durch die herrliche Landschaft erwartete mich eine dampfende Hühnersuppe mit Einlage.

Als die Busse voller Heimwehtouristen aus Deutschland ausblieben, weil die Erlebnisgeneration mit der Zeit immer kleiner wurde, machten sich viele Polen Sorgen, wie es mit dem Tourismus in Masuren weitergehen würde, wenn »ihre Deutschen« nicht mehr kämen. Nach der Wende hatten die Bewohner unter großen Kraftanstrengungen in eine touristische Infrastruktur investiert, und allerorten waren schöne Restaurants, Hotels und Privatpensionen entstanden. Ihre Sorge schien jedoch unbegründet. Schon zogen neue und vor allem jüngere Reisende heran, unter ihnen zahlreiche Naturliebhaber und Wassersportler, die bald die Mehrheit unter den internationalen Gästen stellen sollten, wiederum vor allem Deutsche.

Heute kommen Reisende mit neuen Erwartungen, vor allem aber unbefangener Neugierde. Immer wieder stellte ich allerdings fest, dass selbst bei Jüngeren die Erinnerungen ihrer Eltern oder Großeltern mitreisen. Masuren bedeutet für viele Deutsche unterschiedlicher Generationen oft eine ganz persönliche Spurensuche. Das ist keinesfalls verwerflich, im Gegenteil.

Hohe Wolkenhimmel, blaue Seen, dunkle Wälder, endlose Alleen, keinerlei Hektik: Jene alten Vorstellungen prägen noch immer das Bild von Masuren vieler Besucher, obwohl das historische Ostpreußen spätestens am 8. Mai 1945 untergegangen ist. Bis heute spielen Dokumentationen im deutschen Fernsehen mit jener Nostalgie, wenn sie eine unglaubliche Ruhe ausstrahlen. Langsam schwenkt die Kamera, fast wie in Zeitlupe, über einen masurischen See, von dessen Oberfläche Vogelschwärme aufsteigen. Seine Ufer säumt herrlich grüner Wald. Die Zeit scheint stehen geblieben zu sein, wenn die Kamera einen malerischen Sonnenuntergang über wogenden Kornfeldern einfängt, eine hügelige Landschaft voller blauer Kornblumen und rotem Klatschmohn oder am Ende die unvermeidlichen Störche in ihrem Nest. Bei diesen melancholischen Bildern erklingt, wie sollte es auch anders sein, ruhige Musik, ganz dezent im Hintergrund. Popmusik oder Schlager sucht man vergebens.

Ein wunderbares Beispiel dafür lieferte Klaus Bednarz. Seine zeitlos schöne Trilogie *Reise durch Ostpreußen* aus den frühen Neunzigerjahren informiert nicht nur über Geschichte und Gegenwart, sondern sie erlaubt heute – nach mehr als einem Vierteljahrhundert – zugleich einen Einblick in die besondere Beziehung der Deutschen zu dieser Landschaft. Ein Cello spielt alte ostpreußische Volksweisen wie *Ännchen von Tharau* oder *Es dunkelt schon in der Heide*. Die ostpreußische Hymne *Land der dunklen Wälder* durfte ebenfalls nicht fehlen. Als die Sendung 1995 ausgestrahlt wurde, saß die deutsche Fernsehnation gebannt vor dem Bildschirm und bescherte der ARD Rekordeinschaltquoten. Von Kitsch keine Spur, sondern die tiefgründige Komposition in Ton und Bild scheint der Landschaft angemessen und damit einfach schlicht zu passen.

Keine Frage, Melancholie schwingt überall mit, was jedoch niemanden verwundern kann, denn sie berührt die elementare Erfahrung von Verlust, Flucht, Vertreibung und Heimweh. Selbst diejenigen Deutschen, die hier nie ihre Heimat hatten, ahnen etwas davon. Ralph Giordano bekannte sich in seiner literarischen Reisereportage *Ost-*

preußen ade. Reise durch ein melancholisches Land zu seiner Sehnsucht. Sein Buchtitel von 1994 thematisierte sogar jene Melancholie und zielte damit treffsicher auf Erwartungen, Projektionen und Sehnsüchte der deutschen Leserschaft. Als gebürtiger Hamburger, der als Sohn einer jüdischen Mutter den nationalsozialistischen Terror überlebt hatte, war Giordano zudem gänzlich unverdächtig, irgendwelche rückwärtsgewandten oder gar politischen Ambitionen zu hegen. Freimütig bekannte er, seit Kindheitstagen dem Mythos Ostpreußen verfallen zu sein.

Dem weit gereisten Journalisten gelang es nicht, seine Rührung zu verbergen, als er nach Polen aufbrach, um das alte Ostpreußen zu suchen. »Ich steh hier am Ufer und gebe mir Mühe, meine Bewegung zu verbergen. Der strenge Sarkasmus gegenüber der eigenen Person, die bewährte Selbstironie, die eingefleischte Abneigung gegen jede Form von Sentimentalität, sie sehen sich weit abgeschlagen, alle drei irgendwo untergegangen in der glitzernden Fläche bis zur anderen Seeseite – ich bin da. Ich bin da, wohin ich schon als Knabe wollte, aber siebzig werden mußte, um den frühen Wunsch endlich erfüllt zu bekommen – ich bin in Ostpreußen!«

Ralph Giordano, ein eingefleischter Linker, stand niemals im Verdacht einer wie auch immer gearteten Rührseligkeit. Im alten Ostpreußen jedoch packte es ihn, genau wissend um diese besondere Stimmung. Sein Ziel war, dem Geheimnis Ostpreußens auf die Spur zu kommen, und dabei gleichzeitig seine Ursprünge und Abgründe auszuloten. Spätestens an diesem Beispiel wird ersichtlich, dass sich jene Melancholie nicht allein aus der dramatischen Geschichte speist, sondern von der wunderbaren Landschaft immer wieder neu befeuert wird.

Falls Sie eine Portion Misstrauen beschleichen sollte angesichts solcher Beschreibungen, Ralph Giordano ist beileibe kein Einzelfall. Auf meinen Reisen traf ich eingefleischte Kosmopoliten, die die Toskana besser kannten als ihr Zuhause und noch bei ihrem ersten Besuch in Masuren Stein und Bein schworen, aller Melancholie zu widerstehen. Spätestens die einzigartige Natur ließ sie kapitulieren, ihr Widerstand bröckelte, bis sie ganz und gar der masurischen Landschaft verfielen.

Manche Vorstellungen, Klischees und Mythen von jenem »Land der dunklen Wälder und kristall'nen Seen« reichen weit zurück. Gerade jene über das vermeintliche Hinterwäldlertum, von dem an anderer Stelle zu berichten sein wird. Andere kamen später hinzu, vor allem als Folge des Zweiten Weltkriegs. Flucht und Heimatverlust bestimmten die literarische Landschaft nach 1945.

Den Auftakt im Genre der Erinnerungsliteratur machten einmal mehr die alten Eliten, die bereits in Ostpreußen den Ton angegeben hatten. Sie sollten das kollektive Bild der Deutschen über das Land zwischen Weichsel und Memel für die kommenden Jahrzehnte entscheidend prägen. Jene Adeligen schienen als Erste ihre Schockstarre überwunden zu haben, die wie alle Flüchtlinge zunächst aus dem Nichts neu anfangen mussten, aber nun begannen, ihre versunkene ostpreußische Welt zu beschreiben. Zu ihnen zählten Marion Gräfin Dönhoff mit ihren Büchern *Namen die keiner mehr nennt* und später *Kindheit in Ostpreußen*, Ottfried Graf von Finckenstein mit *Schwanengesang* sowie *Nur die Störche sind geblieben* und Hans Graf von Lehndorff mit *Ostpreußisches Tagebuch* und später *Menschen, Pferde, weites Land*. Mit Millionenauflagen erreichten sie ein breites Publikum.

Eine solche einseitige Sichtweise konnte nicht ohne Risiken und Nebenwirkungen bleiben, denn ihre Erinnerungen zementierten bei der Leserschaft in der alten Bundesrepublik ein schiefes Bild von Ostpreußen, das es als vormodern und paternalistisch zeigte. Zugleich nährten die schreibenden Gräfinnen und Grafen bei ihrer dankbaren Leserschar eine unkritische Sehnsucht nach der untergegangenen und natürlich heilen Welt. Als Spätwerk erschien in dieser Tradition 1989 Alexander Fürst zu Dohna-Schlobittens *Erinnerungen eines alten Ostpreußen.*

Jene Bücher produzierten bestimmte Bilder im Kopf, bis auf Nuancen austauschbar, die wie in einer Endlosschleife immer wieder auftauchten: ausschweifende Jagdpartien, illustre Abendgesellschaften, reitende Gräfinnen durch Wald und Feld, gute Worte über brave Bedienstete, die über Generationen ihrer Herrschaft loyal dienten … Gegen diese einseitige und in höchstem Maße problematische Interpretation der ostpreußischen Geschichte war kaum anzukommen. Die Deutungshoheit über die Vergangenheit Ostpreußens schien allein einer Kaste vorbehalten zu sein. Stimmen, die ein alternatives Bild hätten zeichnen können, blieben chancenlos, weil sie kaum in die restaurative Zeit passten.

Obwohl der altväterliche und häufig überhebliche Ton jener adeligen Memoiren eine hermetische Klassengesellschaft beschrieb, sprang die deutsche Nachkriegsseele darauf an. Nach dem verlorenen Krieg sehnten sich die Deutschen wie in kitschigen Heimatfilmen noch einmal in eine Welt zurück, die es so nie gegeben hatte. In eine Welt, wo scheinbar alles und jeder seinen angestammten Platz hatte. So lasen biedere Deutsche mitten im Wirtschaftswunder aristokratische Auslassungen über das brave

Gesinde, das nach der Ernte ehrfurchtsvoll dem Gutsherrn die Erntekrone überreichte. Dieser ließ sich natürlich nicht lumpen und sorgte gemeinsam mit seiner Gattin, der Frau Gräfin, für reiche Bewirtung mit Freibier und Schnaps – ja, die Welt schien in Ordnung zu sein.

Kaum ein Wort darüber, dass die Aristokraten zu den Totengräbern Ostpreußens gehörten. Konservativ-monarchistische Junker kämpften mit allen Mitteln gegen die junge Weimarer Demokratie, verschworen sich in ihrer Verachtung für die Sozialdemokratie, ließen ihrem Antisemitismus freien Lauf und dienten sich dem Tausendjährigen Reich und seinen Machthabern willfährig an, die ihnen ihre Loyalität mit steilen Karrieren belohnten. Kein Platz für selbstkritische Fragen nach gutsherrlicher Willkür, politischen Verstrickungen und persönlicher Verantwortung. Vielmehr machten viele Memoiren in heiteren Anekdoten überall Widerstand gegen die Nazis aus, wenn etwa bei feinen ostpreußischen Adelsdiners zuerst auf den Kaiser und dann erst auf den »Führer« angestoßen wurde.

Erst in den Siebzigerjahren brach das verkrustete Erinnerungsmonopol der aristokratischen Wohlfühlrückblicke allmählich auf. Den Anfang machten die wunderbaren Erinnerungen *Gefilte Fisch* des jüdischen Königsbergers Max Fürst aus dem Jahr 1973. Heinrich Böll pries das Buch zwar hymnisch, aber es vermochte zu diesem Zeitpunkt nur wenig am gutsherrlich-konservativen Mythos Ostpreußen zu kratzen. Die Memoiren des gleichfalls aus Königsberg stammenden Sozialdemokraten Wilhelm Matull und seine Erzählung über die ostpreußische Arbeiterbewegung hatten es ähnlich schwer. Ohne Frage jedoch läuteten sie eine Zeitenwende ein, indem sie überlieferte Deutungsmonopole kritisch hinterfragten und Ostpreußen als facettenreiche und vor allem pluralistische Provinz zeigten. Sie erzählten erstmals von einem anderen Ostpreußen, von Bürgern, Bauern und Handwerkern, von Sozialdemokraten, Atheisten, Juden oder Kommunisten. Ihre Erinnerungen verschwiegen weder die politische Radikalisierung noch gesellschaftliche Spannungen. Ihre Veröffentlichung fiel in die Zeit der neuen Ostpolitik, mit der auch eine neue literarische Ära begann.

Dazu gehörte auch Arno Surminski, dessen Romane einen erfrischend neuen Ton anschlugen. Angefangen mit *Jokehnen* (1974), erzählten sie von dörflichen Lebenswelten aus der Sicht der kleinen Leute. In *Jokehnen oder Wie lange fährt man von Ostpreußen nach Deutschland?*, wie der vollständige Titel lautet, lässt Surminski ein kleines Dorf in farbigen Bildern wiedererstehen, wie es sie zu Tausenden in Ostpreußen gegeben hatte. Für mich war dieses Buch eine Befreiung, weil es mich in seiner liebevollen und zugleich kritischen Erzählweise überzeugte. Dutzende Male habe ich es gelesen und dabei immer wieder Neues entdeckt, eine wahre Fundgrube. Arno Surminski lässt seine Leserinnen und Leser die Hitze ostpreußischer Sommer fühlen, die wogenden Ähren sehen und nicht zuletzt die Himbeeren im Garten von Mutter Markowski riechen. Zugleich zeigt der aus Ostpreußen stammende Schriftsteller, wie die letzten Winkel vom nationalsozialistischen Ungeist erfasst wurden, der in einen Weltenbrand mündete, an dessen Ende auch das fiktive Jokehnen versinken sollte.

1978 veröffentlichte Siegfried Lenz seinen Schlüsselroman *Heimatmuseum*, interessanterweise über zwanzig Jahre nach seinen bereits erwähnten masurischen Geschichten *So zärtlich war Suleyken*. Durch ihn, der 1926 in Lyck auf die Welt kam, erfahren wir, warum die alte europäische Welt heute nicht mehr existiert und auf welche Weise sie von konkurrierenden Nationalismen zerstört wurde.

Für meine Beschäftigung mit Masuren spielte dieses Buch neben Surminskis Roman *Jokehnen* eine Schlüsselrolle. Konkret konnte man bei Siegfried Lenz nachlesen, wie Geschichte instrumentalisiert, manipuliert, verfälscht und umgelogen werden kann. Seine Beschreibungen von Nationalismus und einseitigen Geschichtsbildern scheinen ungebrochen aktuell, auch im 21. Jahrhundert. Am Ende – nach der Flucht aus der masurischen Heimat – sammelt der Held Zygmunt Rogalla die geretteten Schätze in einem Heimatmuseum. Als er jedoch eine neue, unheimliche Konjunktur wittert, entschließt er sich zum letzten Mittel. Um die Geschichte seiner Heimat vor erneuter einseitiger Vereinnahmung zu schützen, steckt er sein über alles geliebtes masurisches Heimatmuseum in Brand. Deshalb war der Roman ab den Siebzigerjahren für viele ein literarischer Kompass für neue und vor allem kritische Fragestellungen.

In Polen passierte 1989 etwas ähnlich Revolutionäres. Der Eiserne Vorhang war gefallen, ganz tatkräftig vorangetrieben durch die polnische Oppositionsbewegung. Und bei den ersten freien Wahlen wählten die Polen den Gewerkschaftsführer Lech Wałęsa zum ersten Präsidenten eines freien Landes. Damit fielen ideologische Tabus. Aus Schwarz-Weiß-Rastern entstand ein zunehmend buntes Bild, auch bei der Sicht auf das historische Ostpreußen. Für Polen, Russen und Litauer, die seit 1945 auf dessen Territorium leben, war es gleichfalls eine Neuentdeckung. Bis dahin hatte die kommunistische Propaganda ihren Landsleuten nimmermüde das Feindbild von den Deutschen als »Revanchisten« präsentiert. Zugleich sprach man auch bei Masuren von den »Wiedergewonnenen Gebieten« (»Ziemie Odzyskane«), die entgegen aller historischen Fakten 1945 nach Polen »zurückgekehrt« seien. Jetzt brachen in Polen nationale Verengungen auf, die allen Bewohnern Masurens einen unverkrampften Blick auf die Vergangenheit ermöglichten.

Siegfried Lenz nahm in *Heimatmuseum* vorweg, was viele Polen und Deutsche nach 1989 gleichermaßen neu über die Geschichte Masurens entdeckten. Wie konnte es in einer Grenzlandschaft anders sein, waren ihre Bewohner von einer besonderen ethnischen Eigenart. Lenz berichtet über die polnischen Nachnamen der treudeutschen Masuren und die deutschen Namen der katholischen Polen – und zeigt, dass das hier an der Grenze kein Widerspruch sein musste. »Erstaunt? Das braucht Sie nicht zu erstaunen, mein Lieber, das war nun einmal so bei uns: die eigenen Leute hießen vielleicht Konopatzki, Piassek oder Sobottka, und hier in Klein-Grajewo trugen sie eben Namen wie Gutkelch oder Niedermüller oder Hauser …«

Siegfried Lenz baute ähnlich wie sein Danziger Kollege Günter Grass mit seiner eigenen Biografie literarische Brücken zwischen deutscher und polnischer Kultur. Ihr Werk weitete frühzeitig den Blick auf die wechselhafte Geschichte jener Grenzregionen, Lenz für Masuren, Grass für Danzig und die Kaschubei. In jener Sphäre, die heute als multikulti durchgehen würde, war lange Zeit kein Platz für nationales Schablonendenken, weil es zu viele Grenzgänger zwischen den Kulturen gab, denen die Eindeutigkeit fehlte, die jeden Nationalismus definiert.

Das alles ist Vergangenheit, und doch fährt auf Reisen nach Masuren jenes historische Hintergrundrauschen stets mit. Seien Sie ganz unverkrampft – und geben Sie acht! Manche Klischees erweisen sich als wahr. Nämlich dann, wenn Sie, liebe Leserinnen und Leser, Dutzende Storchennester in einem malerischen Dorf sichten. Seien Sie versichert: Irgendwann hören auch Sie auf, jeden Storch auf Ihrer Reise zu zählen. Nirgendwo gibt es so viele Störche wie in Polen; und Masuren und das benachbarte Ermland scheinen ihr wahres Paradies zu sein. Im Storchendorf Schewecken, heute Żywkowo, das direkt an der Grenze zu Russland liegt, verzeichnet man alljährlich etwa vierzig Storchennester, in einem Dorf mit neun Häusern kommen 160 Störche auf knapp vierzig Einwohner! In Löwenstein (Lwowiec) brüten viele Storchenpaare auf den Zinnen des mittelalterlichen Kirchengiebels. Folgen Sie einfach dem Bociany Szlak, der Storchenroute. Viele wunderschöne Gründe also, jenes melancholische Land zu entdecken. Lassen Sie sich entspannt darauf ein.

Wo liegt Masuren?

Wenn wir nach Masuren fahren, steht noch die Frage im Raum, wo dieses überhaupt liegt. Offen gestanden erweist sich eine exakte Antwort als gar nicht so einfach. Gelegentlich besuche ich Reiseabteilungen größerer Buchhandlungen, deren Angebot zu Polen mittlerweile kaum zu überschauen ist. Ständig kommen neue Reiseführer hinzu. Titel über Warschau, Krakau, Niederschlesien, kein Problem, weil sie als Städte und Regionen leicht zu verorten sind. Wenn es um das nördliche Polen geht, führt eine ganze Reihe deutschsprachiger Reiseführer über das nördliche Polen *Masuren* im Obertitel. Zu meiner Verwunderung zieren jedoch mal die Marienburg, mal das Danziger Krantor, manchmal sogar die Ostseeküste das Buchcover. Bei Lichte betrachtet, handelt es sich eigentlich um Mogelpackungen. Seien Sie ehrlich, würden Sie einer Gebrauchsanweisung oder einem Reiseführer über die Toskana vertrauen, welche den römischen Petersdom auf dem Cover trägt oder den

Eiffelturm, wenn eigentlich von der Provence die Rede ist?

Jene Schummelei liegt keinesfalls an den Autorinnen oder Autoren, auch nicht an ihren Verlagen, sondern an einem unauflöslichen Dilemma, dem ich mich in dieser *Gebrauchsanweisung* gleichfalls ausgesetzt sehe. In Bezug auf Mitteleuropa lässt man manchmal fünfe gerade sein, um nicht zu »kleinteilig« zu werden. Deshalb wählen Verlage *Masuren* im Titel mindestens für den Teil des historischen Ostpreußen, der seit 1945 zu Polen gehört. Andere zeigen sich entschieden großzügiger, indem sie Pommern, die gesamte polnische Ostseeküste sowie Teile von Pommerellen mit Danzig einschließen.

Spricht man konkret über Masuren, herrscht sowohl in Polen als auch andernorts Ratlosigkeit, mitunter gar heilloses Durcheinander. Ja, selbst zu preußisch-deutscher Zeit stritt man bereits darüber, wo Masuren liegt. Historische und geografische Kontexte werden mal verkürzt, mal falsch platziert oder einfach ignoriert. Zeit also, das Chaos zu ordnen.

Während eines halbjährigen Archivaufenthalts fuhr ich täglich mit einem Überlandbus der staatlichen PKS-Linien von Ortelsburg nach Allenstein, eine Strecke von ungefähr fünfzig Kilometern. Landkarten in den gängigen Reiseführern verorten überall dort Masuren. Das ist jedoch nur teilweise zutreffend, denn inmitten der traumhaft schönen Landschaft erstreckt sich hinter Passenheim im Wald eine unsichtbare Grenze, nämlich jene zwischen Ermland und Masuren.

Nur Ortskundige wissen um historische Grenzsteine, die mitten im Wald zeigen, dass Ermland und Masuren konfessionell, historisch und politisch lange Zeit kaum unterschiedlicher sein konnten.

Zum historischen Ermland – polnisch Warmia – gehören vier Landkreise. Sie blieben in der Spätphase des Deutschen Ordens ab 1466 unter der Oberlehnsherrschaft der polnischen Könige, bis auch das Ermland 1772 durch die Erste Teilung Polens in den preußischen Staatsverband gelangte. Der zentrale Unterschied war, dass das Ermland die Reformation 1525 nicht mitgemacht hatte – und katholisch blieb. Bis zum Ende des deutschen Ostpreußen lagen jene vier streng katholischen Kreise wie ein gallisches Dorf inmitten lutherischer Lehre, wodurch sie jahrhundertelang ihre eigene regionale Identität bewahrten. In Masuren hingegen war man seit der Reformation evangelisch.

Konfessionelle Unterschiede schufen über Jahrhunderte diese unsichtbare Grenze, die kaum überwindbar war. Beide Regionen – Ermland und Masuren – gehörten bis 1945 zu Ostpreußen. Als Folge des Zweiten Weltkriegs und der Beschlüsse der Potsdamer Konferenz fiel der südliche Teil Ostpreußens mit Ermland und Masuren an die Volksrepublik Polen, der Norden hingegen mit der Hauptstadt Königsberg an die Sowjetunion. Damit teilten die Siegermächte im Potsdamer Schloss Cecilienhof die historische Provinz mit einem Federstrich auf der Landkarte. Und dieser Federstrich bedeutete die Vertreibung seiner einstigen Bewohner, was zur Folge hatte, dass im polnischen Teil Ostpreußens heute fast sämtliche Bewohner polnisch und katholisch sind.

Als das südliche Ostpreußen 1945 zu Polen kam, fasste man die Region erstmals unter dem Namen Ermland und Masuren (Warmia i Mazury) zusammen. Diese Neuschöpfung der Nachkriegszeit ging auf jene historische Konkursmasse zurück. Unmittelbar nach Kriegsende nannte sich der gesamte polnische Teil Ostpreußens zunächst Masurischer Bezirk (Okręg Mazurski). Wenig später schuf die polnische Administration eine neue administrative Einheit, die Wojewodschaft Olsztyn (Województwo olsztyńskie), die ihren Namen nach der größten Stadt in der Region erhielt. Olsztyn – Allenstein – liegt jedoch in ebendiesem ehemaligen gallischen Dorf, dem historischen Ermland.

Mit der letzten polnischen Gebietsreform entstand 1999 die neue Wojewodschaft Ermland-Masuren (Województwo warmińsko-mazurskie) als eine von 16 polnischen Wojewodschaften. Die Wojewodschaft gliedert sich in 19 Landkreise sowie die kreisfreien Städte Allenstein und Elbing. Auf diesem Gebiet lebten 2020 knapp 1,5 Millionen Menschen auf etwas mehr als 24 000 Quadratkilometern, was etwa der Fläche Mecklenburg-Vorpommerns entspricht. Eine eigene Verwaltungseinheit stellt Masuren bis heute nicht.

Genug von schnöden Verwaltungseinheiten, hinter denen sich wunderbare Landschaften verbergen wie die Großen Masurischen Seen. Allen voran der Spirdingsee, mit 114 Quadratkilometern der größte See Polens, der einst die Liste der größten deutschen Seen anführte. Gemeinsam mit dem Mauersee, Niedersee, Löwentinsee liegt an den Großen Seen das Zentrum des touristischen Masuren, ein Dorado für den Wassersport, egal ob per Segelboot, Kanu oder Ruderboot. Bequemer geht es per Dampfer, etwa von Rudczanny über den Beldahnsee nach Nikolaiken oder gar weiter nach Lötzen über unterschiedliche Seen und Kanäle. Für eine solche Tour, die aufgrund der Fahrpläne gut geplant sein will, benötigen Sie einen ganzen Tag.

Diese klassische Dampferfahrt mit der Weißen Flotte (Biała Flota) der Masurischen Schifffahrtsgesellschaft (Żegluga Mazurska) verbindet gleich drei Zentren des regionalen Fremdenverkehrs. Rudczanny, Nikolaiken, Lötzen: Ihre Uferpromenaden mit Andenkenläden, Imbissen und Jachthäfen zeigen manche Schattenseite des Tourismus, wenn sie im Sommer gelegentlich überlaufen sind. Glücklicherweise ist es nicht immer so, vor allem kann man schnell das Weite suchen. Beispielsweise zum Niedersee, einem meiner Lieblingsseen. Da weiß ich mich einig mit vielen anderen Naturliebhabern.

Am idyllischen Ufer einer dieser Seen mag der Dichter des Liedes *Hej, Mazury, jak wy cudne* gesessen haben, als er über Masuren schrieb. Nicht unwahrscheinlich, dass er sich in einem masurischen Sommer Hals über Kopf verliebt hatte. In *Hej, Masuren, wie seid ihr wunderschön* erscheint alles wie ein ewiger Sommer:

Das Blau des Sees rundherum,
Und dort in der Ferne irgendwo ein Wald.
Die Sonne und der Weltraum rufen uns,
Verbringe also deine Freizeit hier.

Hej, Masuren, wie seid ihr wunderschön!
Nirgends gibt es ein solches Land!
Hier kannst du schwere Zeiten hinter dir lassen,
Hier kannst du dein Leben genießen.
Vom Lagerfeuer zum Zelt
müssen wir zurückkehren, es ist Zeit, es ist Zeit.

Die Nacht bricht an.
Hej, Masuren, willkommen!

Ein Segler und ein Mädchen aus den Bergen
Sie blicken auf den Wald tief im Wasser.
Die Sonne taucht in die Wellen ein.
Die Dämmerung bricht herein, es wird kühl.

Hej, Masuren, wie seid ihr wunderschön!
Nirgends gibt es ein solches Land!
Hier kannst du schwere Zeiten hinter dir lassen,
Hier kannst du dein Leben genießen.
Vom Lagerfeuer zum Zelt
müssen wir zurückkehren, es ist Zeit, es ist Zeit.
Die Nacht bricht an.
Hej, Masuren, willkommen!

Schön ist unser Land,
Die Häuser so weiß wie Schnee,
Und am See ein Mädchen –
mit dem ich gerne ein Jahrhundert leben würde.

Im Polnischen reimt sich das Lied wunderbar, meine Übersetzung hingegen klingt eher holprig, dafür ist sie mehr oder weniger wörtlich. In Zeiten der Volksrepublik kamen Millionen Kinder und Erwachsene in den Sommerferien nach Masuren. Und so verbinden viele Polen mit den Zeilen eigene Erinnerungen an Seen, Zeltlager, Lagerfeuer, die erste Liebe und, natürlich, an juckende Mückenstiche. Mücken gehören unweigerlich zu jenen Sommerfreuden hinzu, ja, ohne sie wäre ein masurischer Sommer kaum authentisch, weshalb ein weiterer polnischer Schlager *Na Mazury* von Lucjusz Michał Kowalczyk die lästigen Mücken sogar musikalisch verewigt hat. In einer Zeile preist er die fiesen Biester, offensichtlich aus eigener, vermutlich schmerzhafter Erfahrung, die Masurenreisende selbst »in den Hintern stechen« (»I komary w dupę tną«).

Masurens Seen, Kanäle und malerische Flüsse garantieren rasche Entschleunigung. Zugleich lassen sie die Herzen aller Wassersportler höherschlagen, weshalb Paddeltouren auf der Krutinna nicht umsonst unter Kennern in ganz Europa als ein Muss gelten. Malerisch schlängelt sich die Krutinna über 110 Kilometer durch die Landschaft, die man auf einer mehrtägigen Paddeltour entdecken kann. Am besten beginnt man im schönen Ort Sorquitten. Routen und Übernachtungsmöglichkeiten bieten zahlreiche Veranstalter an.

Auf der Strecke erreichen Sie irgendwann Krutinnen, einst ein armes Waldarbeiterdorf in der Johannisburger Heide. Heute lebt der schmucke Ort unverkennbar vom Fremdenverkehr, wovon zahlreiche Pensionen, kleine Hotels und Restaurants künden. Eine der letzten Einheimischen ist Brigitta Nosek, die als Seniorchefin mit ihrer Familie das nette Hotel Habenda führt. Nicht zu groß und deshalb überschaubar, passt es einfach hierher wie auch das dazugehörige Restaurant, das echte regionale Gerichte anbietet.

Krutinnen hat seinen ursprünglichen Charme weitgehend bewahren können, was seinen Einwohnern zu verdanken ist, die schon seit Langem für einen sanften Tourismus trommeln. 2018 gründeten sie die bürgerschaftliche Gesellschaft Nasza Krutyń, die sich im Dorf sozial engagiert. Zugleich haben sie sich den Naturschutz und die Sichtbarmachung der Geschichte Krutinnens auf ihre Fahnen geschrieben. Gemeinsam mit Schülern der örtlichen Grundschule kümmert sich die Initiative um die alten deutschen Friedhöfe in der Umgebung. Nach mühevoller ehrenamtlicher Arbeit konnten sie 2021 den Krutinner Friedhof am Ortsrand wieder in einen würdigen Zustand versetzen. Die Großmutter des bekannten masurischen Schriftstellers Ernst Wiechert, von dem wir später noch hören werden, liegt auf diesem Friedhof begraben. Auf dem gusseisernen Kreuz für Amalie Andreae steht: »Wer liebend wirkt/Bis ihm die Kraft gebricht/Und segnend stirbt/Den vergisst man nicht.« Das Dorf und seine Einwohner zeigen, wie Tourismus im 21. Jahrhundert aussehen kann – nämlich nachhaltig statt plump kommerziell.

Hier befindet sich das Zentrum des Masurischen Landschaftsparks (Mazurski Park Krajobrazowy), eines der größten seiner Art in Polen, weshalb sich Krutinnen mit seiner touristischen Infrastruktur hervorragend als Basis für eine Masurenreise eignet. Mitten im Dorf bieten im Sommer Stände Handarbeiten, Souvenirs und masurischen Honig an. Sie zielen vor allem auf die zahlreichen Busreisenden, die für wenige Stunden nach Krutinnen kommen, um von hier aus zu einer Bootsfahrt auf der Krutinna zu starten. Ähnlich wie im brandenburgischen Spreewald gleiten die Kähne sanft über das Wasser, geführt von sogenannten Stakern, die stehend mithilfe einer Stocherstange auf den Grund der Krutinna stoßen, um den Kahn auf diese Weise zu navigieren. Vielleicht kennen Sie das Staken aus England, wo die Tradition im englischen Cambridge als Punting verbreitet ist. Während der Saison treffen sich die Krutinner Staker an der Brücke, wo sie ein Schwätzchen halten oder um Neuankommende werben.

Wenn Sie sich für Boote, Kähne oder Dampfer nicht erwärmen können, empfehle ich Ihnen meinen persönlichen Zugang zum Wasser, nämlich ein erfrischendes Bad. An Wasser herrscht in Masuren weiß Gott kein Mangel bei mehr als zweitausend Seen, unzähligen Flüssen und Kanälen. Das Gleiche gilt für Wald. Unweit von Krutinnen liegt das größte Waldgebiet Polens, die Johannisburger Heide, auf Polnisch Puszcza Piska, benannt nach der Kreisstadt Johannisburg. Einst galt der Kreis Johannisburg als bevölkerungsärmste Region im Deutschen Reich. Bei Fahrradtouren oder Waldwanderungen jenseits der touristischen Hauptpfade werden Sie auch heute noch wenige Artgenossen treffen.

Von der Einsamkeit der Johannisburger Heide wusste bereits 1914 der masurische Schriftsteller Robert Budzinski zu berichten: »Nun ist vor einiger Zeit die Ansicht aufgetaucht, daß dieses Land Naturschönheiten in reichem Maße besitzt. Vor diesem Glauben kann nicht genug gewarnt werden, und es ist die Pflicht des Chronisten, dieses noch besonders zu unterstreichen. Nur schaudernd denke ich an die unergründliche Einsamkeit der Johannisburger Heide mit 52,257,890,613 Bäumen, meistens Kiefern, die ungezählten Wacholderbüsche gar nicht gerechnet. Kommen doch in Masuren auf 1 qkm noch nicht 0,9 Menschen, und selbst diesen Bruchteil eines Menschen habe ich hier nicht immer getroffen.« Das mag übertrieben sein, doch heute zählt der besagte Landkreis weiterhin nicht mehr als 31 Einwohner pro Quadratkilometer.

Zurück zu den mehr als zweitausend Seen. Kennen Sie den Baltischen Landrücken? Genau dort befindet sich

Masuren, jedenfalls geologisch-erdgeschichtlich. Die letzte Eiszeit, die erst 15 000 bis 20 000 Jahre zurückliegt, schuf eine Gletscherformation, aus der die sogenannten Endmoränen erwuchsen. Masurens Landschaft wurde durch jene Ablagerungen unterhalb der einstigen Gletschermassen geformt. Nach der Gletscherschmelze blieben die großen Rinnenseen zurück. Wenn Sie eine Landkarte Masurens aufschlagen, erkennen Sie ein fast flussartiges, ineinander übergehendes Geflecht aus Seen. Wie an einer langen Perlenschnur aufgereiht, erscheinen jene Rinnenseen wie der Muckersee, Nikolaiker See, Rheinscher See und Beldahnsee. Spirdingsee und Löwentinsee entstanden hingegen aus dem Schmelzwasser der sich zurückziehenden Gletscher.

Das Ergebnis ist jene Endmoränenlandschaft, deren Höhenzüge sich in einem ewigen Auf und Ab erstrecken, mit manchmal überraschenden Anstiegen. Deshalb, liebe Masurenreisende, was von Weitem wie ein lieblicher Hügel erscheint, kann Sie auf dem Fahrrad ganz schön ins Schwitzen bringen. Der Baltische Landrücken zieht sich von Estland in westlicher Richtung über Masuren, die Kaschubei, Pommern, Mecklenburg bis Schleswig-Holstein und Dänemark. Deshalb erinnern manche Endmoränenlandschaften wie die Uckermark oder die Mecklenburgische Schweiz bisweilen an Masuren.

Noch immer bin ich Ihnen eine Antwort schuldig, wo genau dieses Masuren eigentlich liegt. Das bleibt die größte Herausforderung, denn ihm fehlten immer klare Grenzen. Jahrhundertelang machte Masuren jenes Gebiet aus, das Friedrich Krosta 1875 wie folgt definierte und damit den Nagel auf den Kopf traf: »Soweit also der masurische

Dialect von einer evangelischen Bevölkerung gesprochen wird, ist Masuren.« Auf wunderbare Weise verschmolzen unterschiedliche Kulturen. In einer etwas pauschalen, aber durchaus zutreffenden Charakterisierung beschrieb der gebürtige Masure Adolf Schimanski 1921 seine Landsleute: »Was den Masuren kennzeichnet, ist in der Hauptsache: seine polnische Abstammung, seine deutsche Schulung, seine slavischen Sitten und Gewohnheiten, seine deutsche Tradition, sein polnischer Familien- und sein deutscher Vorname, seine polnische Sprache und seine deutsche Schrift, das polnische Sprichwort, das deutsche Lied, die slavische Religiosität, die evangelische Konfession.«

Das war einmal. In der heutigen Wojewodschaft Ermland-Masuren zählen jene Landkreise Neidenburg (früher masurisch-polnisch Nibork, seit 1946 Nidzica), Ortelsburg (Szczytno), Sensburg (Ządzbork, seit 1946 Mrągowo), Johannisburg (Jańsbork, seit 1946 Pisz), Lötzen (Lec, seit 1946 Giżycko) und Lyck (Ełk) zum Kerngebiet Masurens. Dann kommen noch Teile des Kreises Osterode (Ostróda) wie auch die Kreise Oletzko (nach 1928 Treuburg, seit 1945 Olecko) sowie Teile der Landkreise Angerburg (Węgorzewo) und Goldap (Gołdap) hinzu. Das Kerngebiet Masurens liegt also weiterhin innerhalb der Wojewodschaft Ermland-Masuren. Doch hat die polnische Gebietsreform von 1999 dazu geführt, dass einige Ortschaften aus mehreren Landkreisen herausgelöst und aus verwaltungstechnischen Gründen vor allem im Osten der Wojewodschaft Podlachien und im Süden der Wojewodschaft Masowien zugeschlagen wurden, weshalb das historische Masuren zumindest an seinen Rändern etwas ausgefranst wirkt. So liegt etwa das masurische Dorf Garbassen heute nicht mehr im Landkreis Oletzko, sondern im nordostpolnischen Kreis Suwałki. In seinem Kern bleibt Masuren jedoch unverkennbar Masuren, auch wenn Reisebüros unter diesem Namen mit Ostsee, Danzig oder Marienburg werben.

In diesem Buch verwende ich also Masuren keinesfalls als Oberbegriff für alle polnischen Teile des ehemaligen Ostpreußen. Mir geht es vielmehr darum, Ihnen die historischen und kulturellen Unterschiede nahezubringen und dabei nicht alles gleichmacherisch glattzubürsten. Wenn ich mich hier auf andere Landschaften beziehe, mache ich sie als solche kenntlich. Deshalb werden das Ermland, Danzig oder die Marienburg gleichfalls thematisiert, aber ich versichere Ihnen, in erster Linie geht es um das echte Masuren. Und das werden Sie am Ende hoffentlich nicht nur kennen, sondern auch endgültig lieben lernen.

Preußisch Sibirien

Preußisch Sibirien schimpften die Deutschen Ostpreußen und vor allem Masuren. Für Bayern, Sachsen, Hessen oder Berliner lag jene Gegend gefühlt am Ende der Welt. Davon hatte der gebürtige Masure Robert Budzinski irgendwann die Nase gestrichen voll und drehte den Spieß einfach um. Genüsslich griff er deshalb alle gängigen Vorurteile über seine Heimat in seiner *Entdeckung Ostpreußens* auf, einer humorvollen Landeskunde und einzigartigen Liebeserklärung, in der er alle Ignoranten mit treffsicherem Schalk vorführte. Manche wähnten Ostpreußen am fernen Nordmeer.

»Ich hatte erfahren, dass man zu einer Reise nach diesem fernen Lande sehr viel Humor, Pelze und Eishacken gebraucht«, beginnt Budzinski seine Schilderungen, wild entschlossen, »nach einem der unbekanntesten Gebiete der Erde, nach Ostpreußen zu reisen«. Doch was ihn dort erwartete, blieb offen. »Da ich von Natur ein mutiger Mann bin, hatte ich auch keine Furcht vor Wölfen, Bären und Ostelbiern, von den letzteren sagt man ja doch, daß sie eine Art von Menschen wäre. Ich ließ deshalb auch meine Flinten zu Hause.«

Andere meinten, so weiß Budzinski zu berichten, dass Ostpreußen noch hinter Sibirien liege. »Meinen gewissenhaften und mühseligen Messungen ist es gelungen festzustellen, daß das keineswegs der Fall ist. Ich sah auch, daß es den größten Teil des Jahres eisfrei ist; und das Nördliche Eismeer stößt zwar an das Land, aber vermittels des Skagerraks, des Kattegats und der Ostsee. Eisberge habe ich nur in Konditoreien getroffen, und die dazu gehörigen Bären mußte ich mir extra aufbinden lassen.«

Vorurteile über Ostpreußen und Masuren greift er stets mit einem Augenzwinkern auf. Von Robert Budzinski werde ich später noch berichten, in jedem Fall lohnt sich dieser schöne, von ihm selbst mit wunderbaren Holzschnitten versehene Band als Reiselektüre; in Antiquariaten erhalten Sie Faksimileauflagen der Originalausgabe.

Trotz Budzinskis literarischen Bemühungen blieb Masuren für viele Deutsche hinterwäldlerisch. Und hinter jener Geringschätzung verbargen sich keinesfalls nur harmlose Witze, vergleichbar etwa denen über die Ostfriesen. Vielmehr klang bereits in einem damals in Deutschland weitverbreiteten Vers eine gewisse Verachtung an: »Die Nase rot vom Saufen, die Augen blau vom Raufen, die Haare grau vom Huren, das sind die Farben von Masuren.«

In der Kaiserzeit stieg das exotische Interesse sprunghaft an, als sich zahlreiche Gelehrte auf den weiten Weg nach Osten machten. Ihre Studien über Masuren erinnern an ethnografische Berichte aus fernen deutschen Kolonien. Von vielen schlechten Eigenschaften berichteten sie, die nach Meinung der Forscher auf die slawische Abstammung der Masuren zurückzuführen seien, wobei sie vor allem eine angeblich den Masuren innewohnende Faulheit geißelten sowie deren vermeintliche Liebe zum Schnaps. Zu retten seien die labilen Masuren nach einhelliger Meinung der schockierten Forscher nur durch Genesung am deutschen Wesen.

Solche Berichte verfestigten im spießigen deutschen Bürgertum ein schräges Masurenbild, das seine schlimmsten Befürchtungen bestätigte. Immer wieder musste ich mir die Augen reiben und staunen, dass hier von der Herzkammer des alten Preußen erzählt wurde und nicht etwa von deutschen Kolonien wie Südwestafrika, Tansania oder Papua-Neuguinea. Wie ein Kolonialbeamter schrieb Albert Weiß 1878/79 über den Masuren: »Seine Bedürfnisse sind gering; daher strebt er nur wenig nach Erwerb. Stundenlang steht er am See und schaut dem Fischfange zu, dessen Ertrag ihm nur zu Theil wird, so weit sein eigener Bedarf es erfordert. Auch hat er immer Zeit, den zahlreichen Dorfschenken seinen Tribut darzubringen.«

Weiß sah nichts als Schlendrian und sorgenlose Faulenzerei, keine Spur von deutschen Tugenden wie Disziplin, Fleiß und Strebsamkeit, weshalb seine Beschreibung der masurischen Häuser nicht überrascht. »Die Wohnungsverhältnisse des Masuren sind durchweg ungünstig. Kahl liegen die Dörfer und schmucklos die niedrigen, strohbedeckten Lehm- und Blockhäuser, deren Schmutz und Unreinlichkeit gleichfalls auf die slavische Abkunft der Bewohner hinweist.« Im nationalistischen Zeitalter folgte auf diese Vorurteile bald die politische Vereinnahmung. Deshalb waren Klischees alles andere als harmlos, denn sie leiteten nicht weniger ein als den Kampf um die Seelen der masurischen Bevölkerung.

Das wirft die Frage auf, wer jene Menschen eigentlich waren, denen man mit derartiger Geringschätzung begegnete. An der Schnittstelle mehrerer Kulturen entwickelte sich eine bunte Mischung: Vor allen anderen lebte hier die indigene Urbevölkerung der baltischen Prußen. Als der Deutsche Orden im 13. Jahrhundert nach Preußen kam, gingen zahlreiche Deutsche im Zuge des mittelalterlichen Landesausbaus nach Osten. Litauer aus der unmittelbaren Nachbarschaft stießen ebenfalls hinzu. Unterschiedliche Glaubensflüchtlinge fanden später Aufnahme, als Friedrich Wilhelm französische Protestanten, die aus ihrer Heimat fliehen mussten, in Brandenburg-Preußen willkommen hieß. Wenige Jahre danach vertrieb der Salzburger Erzbischof Firmian Tausende evangelische Christen aus Österreich, die als sogenannte Salzburger Protestanten ostpreußische Landstriche neu besiedelten, die kurz zuvor durch die Große Pest entvölkert worden waren. In der preußischen Amtssprache hieß das »Repeuplierung«. Schottische Familien, die seit dem 16. Jahrhundert vermehrt nach Preußen kamen, gesellten sich als fahrende Händler und Kaufleute hinzu. Kurz und knapp, eine eigentümliche Melange entstand: *die* Masuren.

In dieser Melange stellte eine ethnische Gruppe die Mehrheit, die bislang unerwähnt blieb. Sie war in gewisser Weise das Sahnehäubchen und sollte der Region später zu ihrem Namen verhelfen: eingewanderte Polen. Das hatte einen einfachen Grund. Seit dem 14. Jahrhundert suchte der Deutsche Orden händeringend Siedler für sein noch spärlich besiedeltes Herrschaftsgebiet. Aus der polnischen Nachbarregion Masowien folgten polnischsprachige Masowier den Werberufen der Kreuzritter, ihr Glück im Norden zu versuchen.

Masowien ist eine alte polnische Landschaft. Sie beginnt südlich von Masuren und erstreckt sich zwischen den Flüssen Bug und Weichsel bis Warschau. Masowien stand auch Pate für die neuerliche Wortschöpfung Masuren, doch davon später. Die neuen Siedler ließen sich in der Großen Wildnis nieder, wie die Gegend rund um die Masurischen Seen hieß, um diese urbar zu machen. Zu diesem Zeitpunkt überwogen in Masuren noch dichte Wälder, die mühsam gerodet werden mussten, und erst die systematische Erschließung sicherte dem Deutschen Orden zusätzliche Einnahmen, die für den Staatshaushalt überlebenswichtig waren.

Als Masuren verstand man fortan zumeist polnischsprachige, aber zugleich evangelische Christen, die sich in diesem Schmelztiegel zu einem eigenen Volksstamm entwickelt hatten. Deutsch fungierte als Amtssprache, die Landbevölkerung sprach ihren polnischen Dialekt, der von den anderen ethnischen Gruppen übernommen wurde. Die Masuren fühlten sich stets als Preußen und später als Deutsche, zu keinem Zeitpunkt jedoch als nationale Polen. Immer waren sie vor allem gottesfürchtige Protestanten.

Über Jahrhunderte bewahrten sie ihren alten polnischen Dialekt, der später als Masurisch bekannt wurde. Nach der Ordensherrschaft, die 1525 in das weltliche Herzogtum Preußen mündete, setzte sich die Zuwanderung aus dem benachbarten Polen fort, teilweise bis ins 19. Jahrhundert. Das masurische Polnisch isolierte sich jedoch zunehmend von der polnischen Hochsprache, weshalb es eine bäuerliche Mundart der Frühen Neuzeit mit einfacher Grammatik blieb. Seine Aussprache war wesentlich härter als das Hochpolnische. Neue Begriffe, die im Zuge der Industrialisierung hinzukamen, übernahm man häufig aus dem Deutschen. Beamte hießen *beamty*, man ging zum *banof* (Bahnhof) und fuhr mit dem *cug* (Zug).

Es wäre jedoch ein Trugschluss, aufgrund dieser Germanismen beim Masurischen auf eine polnisch-deutsche Mischsprache zu schließen. Früher kursierten im deutschen Sprachraum abfällige Meinungen über alle polnischen Dialekte entlang der polnisch-deutschen Grenzen, indem man diese als »Wasserpolnisch« abwertete. Darin zeigte sich eine vor Überheblichkeit strotzende Verachtung, die die Deutschen nicht nur ihren slawischen Nachbarn, sondern in diesem Fall sogar ihren eigenen Landsleuten in den Ostprovinzen entgegenbrachten. »Wasserpollacken«, damit meinte man Menschen, die nach Einschätzung der Deutschen halb Deutsch, halb Polnisch sprachen und damit keiner Hochsprache mächtig seien.

Heute würden wir diese gelebte Zweisprachigkeit als kulturellen Reichtum feiern. Doch Nationalisten, egal welcher Couleur, wollen immer Eindeutigkeit, weshalb die Nationalsozialisten sogar von »schwebendem Volkstum« faselten, um ihre Germanisierungspolitik zu rechtfertigen. Gemeint waren die polnischen Dialekte Masurisch, Ermländisch und Oberschlesisch, manchmal auch das Kaschubische, obwohl es als eigenständige westslawische Sprache gilt.

»Wasserpolnisch« bleibt nichts als Unsinn und gehört ins Reich der Legenden. Wenn sich auch deutsche Wörter einschlichen, blieb das masurische Polnisch immer ein polnischer Dialekt. Das hieß im Klartext, Polen aus Warschau oder Krakau konnten – wenn auch manchmal mit

Mühe – die Masuren verstehen, hingegen hätten Deutsche aus Königsberg oder Berlin eines Dolmetschers bedurft. Zur Ehrenrettung dieser untergegangenen Sprache scheint es an dieser Stelle geboten, sie mit einigen Beispielen für einen Moment dem Vergessen zu entreißen.

Als ich in den Neunzigerjahren für meine Doktorarbeit recherchierte, konnte ich noch viele Menschen interviewen, deren Muttersprache eigentlich Masurisch war. Die meisten von ihnen lebten in Deutschland, darunter meine eigenen Großeltern und viele Verwandte. Sie erzählten mir von den alltäglichen Dingen im bäuerlichen Leben. Deshalb führe ich Beispiele an, die nur mündlich überliefert wurden. Selbst die deutsche Umgangssprache, die vor dem Zweiten Weltkrieg immer mehr an Bedeutung gewann, war häufig mit masurisch-polnischen Wörtern gespickt. Die in Masuren häufig anzutreffenden evangelischen Gebetsvereine nannte man auch auf Deutsch *gromadki*, eine alte Bauernkate *chałupa*, die morgendliche Milchsuppe aus Mehlklunkern *zatschirki*, die jährliche Erntedankfeier *plon* und die Getreidehandmühle *sarna*. Auch für Masuren gab es noch Hinterwäldler, und diese schimpfte man auf Masurisch *lasaki*. Flurnamen trugen meistens überkommene Bezeichnungen im masurischen Polnisch. Torfwiesen nannte man *torfaki*, der Teich hieß *stawek*, der Bruch *bagno* und das Moor *staschiska* (polnisch *stawiska*).

In Masuren blieb die polnische Sprache ein wichtiges Medium im bäuerlichen Alltag, reich an Sagen, Märchen, Erzählungen und Liedern. Ein bekanntes Lied besang das Schicksal eines Waisenkindes *Sierotka* (in masurischer Aussprache wiedergegeben):

Z kaniena na kanien	Von Stein zu Stein
Skowroneczek skaze	die Lerche springt
Tak i moje serce, *tak i moje serce*	so mein Herz, so mein Herz
Zawze we mnie płaze.	immer in mir weint.
Ojculek z matecko	Vater und Mutter
Pod zimie sie skryli	haben sich unter der Erde versteckt
A mnie Sierotezke, *a mnie Sierotezke*	und mich, arme Waise, arme Waise
W swiecie zostałili.	in der Welt zurückgelassen.

Polnische Sprachwissenschaftler besuchten vor dem Zweiten Weltkrieg Masuren, um anhand des hier gesprochenen Dialekts die Aussprache der hochpolnischen Sprache im 16. und 17. Jahrhundert zu studieren. Masurisch entsprach nämlich dem Polnisch, das zur Zeit des bekannten Renaissancedichters Jan Kochanowski gesprochen wurde. In der Schriftform hingegen bediente man sich der hochpolnischen Sprache, allerdings in deutscher Frakturdruckschrift.

Doch nicht nur sprachgeschichtlich, sondern vor allem in ihrer regionalen Identität zwischen zwei Kulturen verkörperten die Masuren etwas Einzigartiges. Für sie war es keinesfalls ein Widerspruch, stolz auf Polnisch zu verkünden: »Jestem Prußakiem« (»Ich bin ein Preuße«). Ihr vornationaler Patriotismus gründete in Preußens alter Toleranz, die die unterschiedlichen Sprachen im eigenen Land nach Kräften gedeihen ließ, auf dass jeder Untertan frei nach Friedrich dem Großen »selig werde«. Selbstverständlich war Polnisch gleichfalls Gottesdienstsprache, wofür die Agenda der altpreußischen – evangelischen – Landeskirche von 1898 eigens ein Fürbittengebet für Kaiser und Reich aufführte.

Bis auf wenige hochbetagte Menschen in Deutschland und Polen, denen die Sprache aus Kindertagen vertraut ist, dürfte das masurische Polnisch heute erloschen sein. Dem ging ein langer und schmerzhafter Prozess voraus. Der Nationalismus ab dem späten 19. Jahrhundert leitete das Ende der alten preußischen Toleranz ein. Seitdem setzten deutscher und polnischer Nationalismus alles daran, Menschen und Geschichte dieses Landstrichs entweder zu »germanisieren« oder zu »polonisieren«; eine masurische Identität zwischen beiden Kulturen wurde von beiden Seiten nicht geduldet.

Ab 1873 verschwand die polnische Sprache schrittweise aus dem öffentlichen Leben, zunächst verbannt aus den Schulstuben. Von einem Tag auf den anderen mussten masurische Kinder ausschließlich Deutsch lernen. Trotz dieser Germanisierungsbemühungen überlebte das Masurische als mündliche Umgangssprache auf dem Land. Masurisch zu sprechen galt jedoch als undeutsch, weshalb sich die Behörden nach Kräften bemühten, dem hartnäckigen Masurisch den Garaus zu machen. 1939 erließen die nationalsozialistischen Behörden schließlich das formelle Verbot: Der öffentliche Gebrauch der polnischen Sprache war fortan untersagt. Verdrängung, Stigmatisierung und bewusste Verdrehung der historischen Tatsachen bestimmten gleichfalls die Lage nach 1945, als Masuren an Polen fiel. Staatlich gelenkte Polonisierungskampagnen versuchten, manchmal unter Androhung von Gewalt, aus den verbliebenen Masuren überzeugte Polen zu machen. Das ging gehörig daneben. Zigtausende Masuren stimmten mit den Füßen ab und verließen ihre Heimat in Richtung Bundesrepublik.

Zu diesem Zeitpunkt war die masurische Welt bereits vollständig zusammengebrochen. Die Masuren galten in Polen als Deutsche, und als solche fühlten sie sich auch. Ohnehin lebte nach 1945 bereits die überwältigende Mehrheit von ihnen in Deutschland westlich von Oder und Neiße, und ihre masurisch-polnischen Wurzeln verschwieg sie weitgehend. Aufgrund eigener bitterer Erfahrungen lehnten viele Masuren alles Polnische ab, sodass ihnen nicht der Sinn danach stand, ihre eigene – nunmehr – ungeliebte Mutter- und Kindheitssprache zu pflegen.

Der Untergang der masurischen Sprache und Kultur ist eine Tragödie, über die kaum gesprochen wird. Verdrängung der eigenen Wurzeln, bis hin zur Leugnung, habe auch ich immer wieder erlebt, nicht zuletzt in meiner Familie. Erst im Nachhinein ist mir klar geworden, dass die Reise nach Masuren mit meinen Großeltern in den Achtzigerjahren eine Sensation zutage gebracht hatte. Erst nachdem wir ihre Heimatorte besucht hatten und überall herzlich willkommen geheißen worden waren, fiel mir auf, dass es keinen Dolmetscher gab. Die polnischen Bewohner verstanden kein Wort Deutsch, während meine Großeltern, die nie in ihrem Leben in Polen gelebt hatten, den ganzen Tag lang Masurisch sprachen. Für sie war es ein großer emotionaler Kraftakt, an die Stätten ihrer Kindheit und der gemeinsamen Jahre als Familie mit eigenen Kindern zurückzukehren. In diesem Moment, als sie »nach Hause« kamen, in eine ungewohnte und zugleich tief vertraute Umgebung, kehrte ihre alte Sprache zurück, das Masurische. Noch heute sehe ich meine Großmutter, wie sie mit Tränen in den Augen vor ihrem Elternhaus steht. Als sie der polnischen Familie, die selbst aus dem heutigen Litauen fliehen musste, ihre Geschichte erzählte, fielen sich alle weinend in die Arme.

Viele Jahre später, als ich wissenschaftlich über Masuren zu forschen begann, merkte ich, wie viel ideologischer Ballast viele Familiengeschichten – nicht nur meine eigene – belastete. Meine Großeltern hüteten ein weiteres Geheimnis, das sie erst Jahrzehnte später lüften sollten. Als meine Ururgroßeltern 1873 heirateten, schenkte man ihnen eine kleine Tischdecke, auf der das Letzte Abendmahl von Leonardo da Vinci eingearbeitet war. Unter dem Bild standen die berühmten Worte Jesu an seine Jünger, als er mit ihnen das Abendmahl feierte, auf Polnisch! »To czyńcie na moją pamiątkę!« – »Das tut zu meinem Gedächtnis«. Bis zu ihrem Tod 1944 nutzte meine Ururgroßmutter Karoline diese Tischdecke, um bei ihrer Hausandacht die alte polnisch-masurische Hausbibel darauf zu legen.

Als ich mit meinen hochbetagten Großeltern meinen Studienabschluss feierte, schenkten sie mir diese Tischdecke, von deren Existenz ich bis zu diesem Zeitpunkt keine Ahnung hatte. Als ich die Decke das erste Mal sah, traute ich meinen Augen kaum. Meine Großmutter hatte sie auf ihrer Flucht mitgenommen und über Jahrzehnte im Wohnzimmerschrank aufbewahrt, aber nie ein Wort darüber verloren. Die Tischdecke hütete sie wie einen Schatz, der aber unsichtbar für die Außenwelt bleiben musste, weil er die polnisch-masurischen Wurzeln zeigte. Solche Geschichten sind aus vielen masurischen Familien überliefert, bis hin zur Leugnung, dass man jemals Masurisch gesprochen habe.

Heute leben nur noch wenige Tausend »echter« Masuren in Masuren. Nach der politischen Wende 1989 durften sie sich in deutschen Minderheitenvereinen organisieren, deren Allensteiner Verband der deutschen Gesellschaften in Ermland und Masuren ein zweisprachiges Mitteilungsblatt herausgibt. Auf der Frequenz von *Radio Olsztyn* läuft die deutschsprachige *Allensteiner Welle*, die viele aktuelle Informationen aus der Region bietet.

Am sichtbarsten jedoch sind die Masuren heute durch ihre Kirchen. Nach dem Krieg war die evangelische Kirche eine letzte Bastion des alten Masuren. Obwohl sie nun wie alle Protestanten in Polen einer Minderheitenkirche angehörten, beließ der kommunistische Staat den Masuren ihre Kirchen. Manche der alten Kirchen in Passenheim, Ortelsburg, Nikolaiken, Osterode, Lötzen und Sensburg blieben weiterhin evangelisch. In ganz Polen gehören heute etwa 100 000 Gläubige zur Evangelisch-Augsburgischen Kirche, die 2021 endlich auch Frauen zum Pfarramt zugelassen hat. Ein großer Schritt im kirchlich eher konservativen Polen, der zugleich zeigt, dass der Protestantismus in Polen erstaunlich lebendig ist. Masuren bildet eine eigene Diözese, deren Bischof Paweł Hause auch der evangelischen Gemeinde in Rastenburg vorsteht.

Zwei evangelische Kirchen möchte ich Ihnen besonders ans Herz legen: das wunderbare Gotteshaus in Passenheim, das weit sichtbar über dem Großen Kalbensee thront. Der überwiegend aus dem 15. Jahrhundert stammende Bau zeigt die für die Region typische Backsteingotik. Die restaurierte Orgel gilt als eine der besten weit und breit, weshalb in der Kirche jeden Sommer wunderbare Orgelkonzerte stattfinden. 2022 feiert die Passenheimer Konzertreihe für Orgel- und Kammermusik ihr 25. Jubiläum, organisiert vom örtlichen Pastor Witold Twardzik.

Das zweite Gotteshaus befindet sich in Sorquitten. Die wunderbar restaurierte Kirche aus dem 18. Jahrhundert steht, von mächtigen Bäumen umgeben, fast direkt am Ufer des Gehland-Sees. Einzigartig ist der herrliche Altar aus der Spätrenaissance, der bildreich für die masurischen Gläubigen Szenen aus dem Leben Jesu erzählt. Je nach liturgischem Kalender lässt er sich aufklappen und zeigt unterschiedliche Geschichten aus der Bibel. Es lohnt sich, einen Blick zum oberen Altarende zu werfen: Inmitten einer in üppigem Blau gemalten Wolkendecke ragen nur noch zwei Füße bis zu den Knien heraus, der Rest des Körpers ist bereits nicht mehr sichtbar und gen Himmel entschwebt. Erstaunt schauen Maria sowie einige Jünger dieser Himmelfahrt Jesu zu. Eine weitere Besonderheit der Sorquitter Kirche ist ein Taufengel, der von der Decke hängend im Kirchenraum schwebt.

Angesichts der allgegenwärtigen katholischen Kirche, die die meisten anderen evangelischen Kirchengebäude nach 1945 übernommen hat, zeugen die evangelischen Gotteshäuser mit ihren kleinen Gemeinden vom alten Masuren.

Ein biederes Völkchen

Masuren, ach Masuren … die Herkunft des Namens lohnt eine weitere Spurensuche. Neulich war ich zu einem Radiointerview im Berliner Haus des Rundfunks, diesem herrlichen Poelzig-Bau im Stil der Neuen Sachlichkeit, in dem der Rundfunk Berlin-Brandenburg zu Hause ist. In Berlin kennt man die Adresse aus Funk und Fernsehen: Masurenallee. Als ich dort eine Mitarbeiterin fragte, ob sie um die Herkunft des Namens wüsste, quittierte sie es mit einem Achselzucken. Im Berliner Stadtteil Pankow liegt die Masurenstraße nebst eigener Straßenbahnhaltestelle. Bei meiner spontanen Passantenbefragung vor Ort erhielt ich auch dort mehr Fragen als Antworten. Aufklärung tut offenbar dringend not.

Zur Pankower Masurenstraße ist eine schöne Geschichte überliefert. Als der heutige Berliner Bezirk noch nicht zur Hauptstadt gehörte, war der gebürtige Ostpreuße Wilhelm Kuhr von 1906 bis 1914 Bürgermeister von Pankow. Trotz seiner großen Verdienste für die Entwicklung der Kommune blieb er seiner ostpreußischen Heimat stets verbunden. Bereits während seines Studiums an der Königsberger Universität trat er der studentischen Verbindung Corps Masovia bei, da er im masurischen Lyck sein Abitur gemacht hatte und sich als Masure fühlte. Auf seinen Wunsch hin erhielt eine neu entstandene Straße in Pankow entlang einer Parkanlage den Namen Masurenstraße.

Masovia, dahinter verbirgt sich eine lateinische Form für Masuren. Allerdings tauchte der Begriff erst im 19. Jahrhundert auf, als unter Königsberger Studenten eine regelrechte Masovia-Begeisterung entstand. Vor allem aus Masuren stammende Studenten, die für die deutsche Einheit eintraten, gründeten in der ostpreußischen Hauptstadt 1830 jenes Corps Masovia. Als ihre Farben wählte die Studentenverbindung Blau-Weiß-Rot, in Anlehnung an die französische Fahne. Obwohl diese Farben in Masuren zunehmend populär wurden, hat es eine richtige masurische National- oder Regionalfahne nie gegeben.

Ein Mitglied des besagten Studentenverbandes, der Gymnasiallehrer Friedrich August Dewischeit, schuf 1855 das Masurenlied *Wild flutet der See*, das die inoffizielle Hymne Masurens werden sollte. Die Melodie singt sich recht schwer, auch kennt das Lied heute kaum noch jemand. Meine Großeltern stimmten mit anderen älteren Semestern in der masurischen Verwandtschaft das Lied häufig an, in dessen Refrain sie »Masovia« hochleben ließen. Eine *Gebrauchsanweisung für Masuren* kann allein schon aus Vollständigkeitsgründen diese Hymne nicht unterschlagen.

Wild flutet der See,
Drauf schaukelt den Fischer der schwankende Kahn!
Schaum wälzt er wie Schnee
Von grausiger Mitte zum Ufer hinan.
Wild fluten die Wellen auf Vaterland's Seen, wie schön!
O tragt mich auf Spiegeln zu Hügeln, Masovias Seen.
O Heimatland, Masovias Strand,
Masovia lebe, mein Vaterland!

Wild brauset der Hain;
Dort spähet der Schütze des Wildes Spur;
Kühn dringt er hinein
Durchwandelt die Höhen die Täler die Flur,
Ihr schwebenden Wolken, gedenket doch mein am Hain!
O führet mich durch Wälder und Felder zur Heimat ein!
Der Jugend Hain, der Seen Strand,
Masovia lebe, mein Vaterland!

Tal, Hügel und Hain,
dort wehen die Lüfte so frei und so kühn;
möcht' immer dort sein,
wo Söhne dem Vaterland kräftig erblühn.
Dort ziehen die Höh'n durch des Nebels Grau, o schau!
Hold lächelt auf, Seen und Höhen des Himmels Blau.
O Heimatland, Masovias Strand,
Masovia lebe, mein Vaterland!

Der Name »Masuren« selbst geht auf jene Siedler aus dem benachbarten Herzogtum Masowien – auf Polnisch Mazowsze – zurück, die einst nach Norden, nach Masuren, einwanderten. Bereits der Historiker Wojciech Kętrzyński unterstrich Ende des 19. Jahrhunderts diese Verbindung und bezeichnete Masuren als *Mazowsze pruskie*, also preußisches Masowien. Doch bis zum heutigen Begriff Masuren war es ein langer Weg. Seit der zweiten Hälfte des 17. Jahrhunderts bürgerte sich zunächst die Bezeichnung »polnische Ämter« für alle südlichen Landesteile Preußens ein, deren Bewohner die Verwaltung als »Polen« bezeichnete. Zeitgleich mit einer neuen preußischen Kreisreform 1818 tauchte für das südliche Ostpreußen erstmals der Name Masuren auf. Dieser setzte sich jedoch erst Mitte des 19. Jahrhunderts allgemein durch.

Spannend ist ein Blick in deutsche und polnische Lexika, wenn es um den Begriff Masuren geht. Die Einträge spiegeln den wechselvollen Umgang mit der Landschaft und seinen Menschen wider. Laut *Allgemeiner Deutscher Real-Encyklopädie* von 1846 sprachen die Masuren als eingewanderte Polen ein verderbtes Polnisch. Noch 1897 definierte *Meyers Konversations-Lexikon* die Masuren als »poln. Landbevölkerung im südlichen Teil der Provinz Ostpreußen sowie in den angrenzenden polnisch-russischen Gouvernements Plozk, Lomsha und in einem kleinen Teil von Suwałki«. Für die preußischen und polnischen Masowier findet sich die folgende Charakterisierung ihrer Lebensweise: »Die Masuren sind ein biederes, von Landwirtschaft und Viehzucht lebendes Völkchen, bei dem noch patriarchalische Familienzustände herrschen. Sie gelten für fröhlich, gemütlich und weich, kleiden sich zum Teil noch in selbstgewebtem grauen Wollzeug (Wand), lieben den Branntwein und verzehren meist vegetabilische Nahrung (Kartoffel, Pastinaken, Rüben und Mehlspeisen).«

In der *Brockhaus*-Ausgabe von 1932 sah man die Masuren als »Volksstamm [...] mit eigener Sprache, einem polnischen, vom Deutschen stark beeinflußten Dialekt«. Zwei Jahre später, 1934, waren sie noch ein »slaw. Volksstamm mit polnischer Mundart«. Nach ideologischen Umdeutungen im Nationalsozialismus erhielt Masuren in *Meyers Lexikon* von 1939 eine vollständig verzerrte Definition. Die polnischen Masowier, die nach Masuren kamen, wurden jetzt als »altpreußischen Ursprungs, wenn auch masowischer Sprache« bezeichnet. Ihre Sprache deutete man zu einer »vom Polnischen durch ihre Altertümlichkeit völlig verschiedene slaw.[ische] Mundart« um.

Polnische Lexika betonten unter dem Stichwort *Mazowsze pruskie* (preußisches Masowien), dass 1870 »noch 75 % der Bevölkerung polnischer Nationalität« gewesen seien und sich ihre Zahl nur »unter dem Druck der Germanisierung« verringert habe. Die größte polnische Enzyklopädie – die *Wielka Encyklopedia Powszechna* – führte 1966 »das Wirken der Verteidiger des Polentums« an, die im 19. Jahrhundert mit ihrem Schaffen das gesamtpolnische Augenmerk auf Masuren lenkten. Polnische Sprache und Kultur der Masuren blieben für die polnische Sichtweise Ausdruck eines polnischen Nationalbewusstseins. Das Jahr 1945 feierte der Beitrag als Datum, an dem »Masuren [...] durch die sowjetische Armee der 1. und 2. Weißrussischen Front befreit wurde«.

Noch extremer zeigten sich deutsche Lexika der Nachkriegszeit. 1983 findet die ursprüngliche Bevölkerung Masurens in einem westdeutschen Nachschlagewerk überhaupt keine Erwähnung mehr: Masuren war demnach nur noch eine Landschaft: »Masuren (poln. Mazury), Teil des Preuß. Höhenrückens, Polen«. Was deutscher und polnischer Nationalismus anrichteten, bestätigte auf zynische Weise ein Lexikonbeitrag aus der DDR von 1974.

Bei Masuren handelte es sich nur noch um ein landschaftliches »Mazury«, ohne Querverweis auf die deutsche Bezeichnung. Lapidar heißt es weiter: »Mazury: das eiszeitlich gestaltete seen- und waldreiche Hauptgebiet des Baltischen Landrückens in den nordostpolnischen Wojewodschaften Olsztyn und Białystok«.

So weit also zur Entstehungsgeschichte des Namens. Zugegeben, mitunter ein verwirrendes Hin und Her, das ich aber hoffentlich ein wenig ordnen konnte.

Von Klopsen, *grzyby* und Stinten: Masuren kulinarisch

Zum Glück bietet Masuren Reisenden vielfältige Angebote, darunter auch kulinarische. Das einzige Risiko sind in diesem Fall ein paar Kilo mehr auf der Waage. Das scheint als Mitbringsel verkraftbar.

Die kulinarische Spurensuche führt zunächst nach Deutschland, denn das Lieblingsgericht der Deutschen – so eine Erhebung in der Frauenzeitschrift *Freundin* vor wenigen Jahren – stammt aus Ostpreußen. Mit schöner Regelmäßigkeit schafft es dieses geheimnisumwobene Gericht immer wieder bei Umfragen in Funk und Fernsehen in die Top Ten. Es ist Zeit, das Rätsel zu lüften. Vielleicht ahnen Sie es bereits. Beginnen muss ich dieses Kapitel mit dem Unvermeidlichen: mit Königsberger Klopsen.

Sie gehören zur Küche meiner Kindheit, weshalb ich freimütig bekenne, dass sie nach wie vor mein Lieblingsgericht sind. Als ich australischen Freunden versuchte, meine Begeisterung für *cooked meat balls* in einer *white sour sauce* zu erklären, hielt sich ihr Interesse auf eigentümliche Weise in Grenzen. Mein Vorschlag, ein Gericht aus gekochten Hackfleischbällchen in saurer weißer Soße zu probieren, ließ sie sogleich einen Tisch in einem italienischen Restaurant reservieren. Zugegeben, in seiner äußerlichen Anmutung gibt es eine Vielzahl schönerer Gerichte auf dem Teller als meine Leibspeise. Dennoch: Königsberger Klopse bleiben für mich im besten Sinne Soul Food. Und selbst in den schicken Berliner Szenebezirken Mitte und Prenzlauer Berg schaffen es die Klopse, die nach Ostpreußens einstiger Hauptstadt benannt sind, immer häufiger auf die Speisekarten guter Restaurants.

Allein der wunderbare Duft in der Küche bedeutet für mich eine kulinarische Reise in meine Kindheit, jene würzige Mischung aus Essig, Zitrone, Lorbeer … Allerdings, jetzt muss ich vielleicht einige von Ihnen enttäuschen, liebe ich meine Klopse ohne Kapern. Mir ist bewusst, dass hier eine ganz persönliche Glaubensfrage berührt wird, über die wir an dieser Stelle nicht streiten sollten. Ansonsten liebe ich Kapern in jedem Gericht, seien es Salate oder Pasta, aber bitte nicht in meinen Königsberger Klopsen.

Wie viele Ostpreußen nannten meine Großeltern sie übrigens nicht nach der ostpreußischen Hauptstadt, sondern schlicht Sauerklopse, während sie zu Frikadellen Bratklopse sagten, so einfach war die Welt. Ihre Rezepte für Königsberger Klopse oder Sauerklopse nahmen Millionen Ostpreußen 1945 auf ihrer Flucht mit, aufbewahrt in ihrem unsichtbaren Gepäck. Rezepte und Gerüche stellten fernab der alten Heimat eine Verbindung zum Verlorenen her. In der Küche lebte sie fort.

Mohn kam ebenfalls einer rituellen Handlung gleich. Vor allem Weihnachten ging in meiner Familie nichts ohne Mohn. Die Mohnmasse wurde in Schüsseln eingeweicht, dann montierte mein Großvater den alten Fleischwolf an einer Tischkante fest – und los ging's. Der Mohn musste mehrfach gemahlen werden, um seine feine Konsistenz zu erlangen. Aus der fertig gemahlenen Mohnmasse entstanden saftige Mohnkuchen, obendrauf eine dicke Schicht Hefestreusel, und nur zur Weihnachtszeit Mohnstollen und Mohnstriezel. Bei Mohn konnte viel schiefgehen, vor allem, wenn der Mohn nicht saftig war. Daran messe ich bis heute die Qualität von Mohnkuchen. Dabei gilt grundsätzlich zu bedenken, dass es seit 1945 keine alte masurische Küche mehr gibt, sondern Masuren heute mit polnischen Gerichten aufwartet, idealerweise mit regionalen Produkten. Mohn ist selbstverständlich aus der polnischen Küche gleichfalls nicht wegzudenken, weshalb er eine wunderbare kulinarische Brücke zwischen beiden Esskulturen bildet.

Überall auf dem Globus bin ich schon auf vertraute Rezepte und Gerüche aus Masuren gestoßen. Jeder Reiseführer im australischen Melbourne erwähnt die alte Bäckereitradition im Stadtteil St. Kilda, die vor allem von Juden aus Osteuropa etabliert wurde. Die Auslagen wimmelten von herrlichen Backwaren aus Mohn. Auf dem Markt in Tel Aviv wie auch in einem koscheren New Yorker Deli habe ich schon meine Lieblingsgurken erstanden – saure Gurken oder Salzgurken. Dort wurden sie als jüdische Delikatessen angepriesen.

Im Spreewald, der Metropole für das grüne Gemüse, rühmt man neben den Gewürzgurken oder süßsauren Gurken ebenfalls die saure Gurke. Darüber können Polen natürlich nur müde lächeln, denn polnische Gemüsehändler halten gleich unterschiedliche Fässer parat und bieten Gurken in verschiedensten Fermentierungsstadien an. Wenn die ersten Gurken des Sommers geerntet sind, kommen zunächst die Leichtgesalzenen *(małosolny)* auf den Markt. Sie haben noch etwas Biss, weil sie kaum fermentiert sind. Die weitere Fermentierung fördert unterschiedliche Säurestufen *(kiszony)*. Für mich gibt es nichts Erfrischenderes als an einem schwülheißen Augusttag ein paar Salzgurken mit Brot. Das ist reine Natur, ohne Chemie, ohne Zusatzstoffe – nur Kräuter, Salz, Knoblauch, Dill.

Wenn ich an die polnische Küche denke, kommt mir vor allem ein Geruch in den Sinn: dieser wunderbare Duft von Dill, der den kleinen Marktständen an Plätzen und Straßen entströmt. Dill kommt fast überall hinein, frischer Dill auf jungen Kartoffeln – auf Deutsch heißen sie neue Kartoffeln! Und Dill ist unverzichtbar für mein polnisches Lieblingsgericht: *chłodnik*. Das ist eine kalte Sommersuppe aus Rote Bete, Knoblauch, Joghurt oder Kefir. Garniert wird sie mit einem hart gekochten Ei und – reichlich Dill. Ein herzhaftes und zugleich gesundes Essen in der heißen Jahreszeit.

Irgendwann im Spätsommer, wenn sich die ersten Vorboten des Herbstes zeigen, die Nächte kühler werden und der Waldboden bereits eine erste Anmutung des Jahreszeitenwechsels in sich trägt, ertönt in ganz Polen das Signal, das Nichteingeweihte schlicht überhören. Sie bleiben stumme Zuschauer eines beispiellosen Geschehens: *na grzyby!* Die Erzählungen meiner Nachbarn und Freunde in Warschau, die alle irgendwo auf dem Land ein Wochenendhaus – eine *działka* – hatten, verliefen dann einige

Wochen monothematisch. Die Welt drehte sich einzig und allein um Pilze, um Sorten und Größe.

Masuren scheint das Epizentrum der Mykologie, wie die Pilzkunde offiziell genannt wird, zu sein, das Pilzparadies schlechthin. Bei den vielen Wäldern kein Wunder. Heerscharen schmeißen sich ins Gefecht, auf friedliche Weise, aber ihre Fundorte hüten sie wie einen kostbaren Schatz. In der Saison werden an Straßen, auf Märkten oder Parkplätzen frische Pilze angeboten. Ein masurischer Herbst ohne Pilze – ausgeschlossen. Ich liebe Pilze, am besten aus der Pfanne, mit Zwiebeln und dann frisch auf den Teller. In Polen werden Pilze zusätzlich in Einmachgläsern sauer eingelegt oder aber auch getrocknet. Pilzgerichte stehen hoch im Kurs, angefangen von den noch sommerlichen Pfifferlingen bis zu unterschiedlichen Schwammerln, Butter- oder Steinpilzen.

Neben Pilzen sind es natürlich Fische, die in einer *Gebrauchsanweisung für Masuren* nicht fehlen dürfen. Zander, Barsch, Maräne, Stint, Forelle oder Aal finden sich vielerorts auf den Speisekarten der Restaurants. Besonders in Nikolaiken, einem der touristischen Hotspots, spielte Fisch zu allen Zeiten eine besondere Rolle. Der Ort lebte jahrhundertelang vom Fischfang auf den umliegenden Seen. Vor allem ist Nikolaiken berühmt für die kleinen Stinte, die maximal 12 Zentimeter lang werden. Sie werden im Ganzen gebraten oder mariniert. Vor dem Zweiten Weltkrieg exportierte man zudem geräucherte Maränen, verpackt in Holzkisten ähnlich wie Kieler Sprotten.

Bereits eine alte *Topographie des Königreichs Preußen*, 1785 von Johann Friedrich Goldbeck herausgegeben, verweist auf den Fischreichtum der umliegenden Gewässer. Demnach war der Spirdingsee ein »reines und gesundes Wasser« mit vielen Fischarten. Die Bewohner Nikolaikens ernährten sich »von bürgerlichen Gewerben, vom Ackerbau und vom Handel mit Stinten, einer Art ganz kleiner Fische, die im Spirdingsee in überaus großer Menge gefangen und häufig verführt werden«.

Mitten im Ort, unterhalb der Stadtbrücke an der Mrągowska-Straße, finden Sie ein Denkmal im Wasser, das den Stinthengst, auf Polnisch Król Sielaw, als lokale Berühmtheit verehrt. Diese etwas kitschige Skulptur lockt nach wie vor internationale Gäste an, vor allem wenn der Stinthengst alljährlich im Sommer im Rahmen einer sogenannten Wasserung (Wodowanie) als Stadtwahrzeichen mit einer Bootsparade geehrt wird. Bis in das Stadtwappen von Nikolaiken hat es der Stinthengst oder Stintkönig geschafft. Seit einigen Jahren ziert er zudem einen Brunnen auf dem Marktplatz (Fontanna Króla Sielaw).

Dahinter jedoch verbirgt sich eine alte Sage, die auf die reiche Fischereitradition verweist. Im Spirdingsee, so geht die Mär, lebte einst ein gewaltiger Stint, der als König über alle Stinte herrschte. Fischern aus Nikolaiken jedoch ging er eines Tages ins Netz. Ihnen war damit ein großer Fang geglückt, und mit großem Triumph brachten sie den König der Stinte in das Städtchen. Der umsichtige Stadtrat verhinderte die Tötung des wunderbaren Fischkönigs, wollte ihn aber auch nicht wieder freilassen. In anderen Variationen dieser Sage bettelte der Stintkönig um sein Leben und versprach alles zu tun, wenn die Fischer ihn nur am Leben ließen. In jedem Fall beschlossen die Nikolaiker, den Stinthengst in der Nähe der Stadtbrücke an eine eiserne Kette zu legen. Dort fristet der angebundene Stintkönig seitdem ein trauriges Dasein, zumeist unsichtbar für das menschliche Auge, in dunkler

Tiefe. Von Zeit zu Zeit jedoch, so wird glaubhaft versichert, zeigt er sich vorübergehenden Passanten. Seine traurige Gefangenschaft bescherte der Stadt, dass der Fischreichtum in den umliegenden Seen nicht versiegte und die Netze der Nikolaiker Fischer bis heute gut gefüllt sind.

Die frischen Fischgerichte in den masurischen Restaurants schmecken großartig; ich mag vor allem frischen Zander. Doch kann man in Masuren auf kulinarische Abwege geraten, von denen ich hier aus eigener Erfahrung berichten möchte. Es muss an einem späten Novembertag Mitte der Neunzigerjahre gewesen sein, als ich mit masurischen Verwandten auf einem Bauernhof zu Gast war. Es war ein spätherbstlicher Tag, kalt und ungemütlich, als wir ankamen. Der Hof lag weit weg vom nächsten Dorf, einsam in der Landschaft. Man erwartete uns zum Mittagessen, das in Polen bei Einladungen nach Hause – anders als in Deutschland – meist ab 14 Uhr serviert wird. Auf dem Hof schnatterten Gänse und Enten. Was ich nicht wusste: Einige aus der munteren Schar fehlten.

Es war meinen Verwandten anzumerken, dass sie sich schon den ganzen Tag auf einen Festschmaus freuten. Und tatsächlich hatten die Bauern am Morgen frisch geschlachtet. Die Aussicht auf einen leckeren Gänsebraten ließ auch mein Herz höherschlagen. Weit gefehlt, denn etwas viel Besseres erwarte uns, wie alle Anwesenden verschwörerisch betonten. Mich beschlich zunächst ein Unbehagen, dem eine böse Vorahnung folgte. Auf der ländlich rustikalen Tafel standen tiefe Suppenteller. Die Vorfreude der Tischgesellschaft war kaum mehr zu zügeln, als die Bäuerin einen dampfenden Topf auf den Tisch stellte, der bis an den Rand mit frisch gekochtem Gänseblut gefüllt war. Schwarzsauer, mein Kindheitstrauma, sollte mich hier noch einmal kalt erwischen. Frisches Gänseblut, mit Mehl angedickt, wird mit Gekröse gereicht. Dazu zählen Innereien, Hals und Flügel.

Eigentlich esse ich fast alles, bin neugierig auf exotische Küchen, aber hier fand meine Toleranz ihr Ende. Ich kannte dieses grausige Essen von meinen masurischen Großeltern. Schwarzsauer, ihr Lieblingsessen, war das einzige Mahl, an dem weder Kinder, Schwiegerkinder noch Enkel teilnehmen wollten. Meine Großmutter, die hervorragend kochte, bereitete es selten zu, weil – wie mein Opa stetig wiederholte – die Westdeutschen das Beste beim Gänschen wegschmissen, das Blut. So käme man kaum an diese guten Zutaten. Jedenfalls mieden wir an den Schwarzsauer-Tagen die geliebte Küche unserer Großmutter und überließen sie ihrem Schmaus.

Doch zurück zu der Essenseinladung in Masuren. Um die Gastfreundschaft nicht zu verletzen, löffelte ich meinen Teller Gänseblut brav, aber mit großem inneren Unwillen, nagte an undefinierbaren Teilen, die einmal zu einer schnatternden Gans im Hof gehört hatten, und lauschte meinen Verwandten, die gemeinsam mit den Gastgebern einen Lobgesang anstimmten, wonach es nichts Besseres gebe als Schwarzsauer – auf Polnisch *czernina*. Besser als jeder Braten, hieß es am Tisch. Das Gänseblut hinterließ überall im Mund einen metallenen Geschmack, denn anders als in manchen Rezepten war die blutige Grundlage auf dem Land kaum verfeinert worden mit Rotwein, Gewürzen und Trockenobst – so kannte ich es von meiner Großmutter, was es aber leider nicht besser machte.

Ich war restlos bedient, während um mich herum alle in einem Zustand vollkommener Glückseligkeit angekommen waren. Dann beging ich einen strategischen Fehler, der sich sofort rächen sollte. Das Unglück nahm seinen Lauf. Unter Aufbringung meiner letzten Seelenkräfte aß ich meinen Teller leer, lobte die edle Speise, und ehe ich michs versah, kam die Gastgeberin mit einem zweiten Teller. Ich schaffte es nicht, *Erbarrrmung!* Den übervollen Teller reichte ich an Onkel Paul weiter, der sich dankbar daranmachte, ihn auszulöffeln. Doch die Gastgeberin ließ es sich nicht nehmen, mir, dem hungrigen Studenten, der den Tag in staubigen Archiven zubringen musste, Vitamine mitzugeben. Ich erhielt eine 1,5 Liter Pepsi-Plastikflasche, bis zum Rand gefüllt mit frischem Gänseblut, und eine Plastiktüte voll Gänsegekröse. Die Gastgeber verabschiedeten uns mit der Aufmunterung, mir morgen ein weiteres Festmahl aus diesen herrlichen Zutaten zuzubereiten.

Zeit für ein Bekenntnis: Obwohl ich grundsätzlich kein Essen wegschmeiße, landeten sämtliche Produkte von der guten masurischen Gans in einem örtlichen Mülleimer. Mein masurisches Schwarzsauer-Abenteuer habe ich längst überwunden, es hat keine dauerhaften Traumatisierungen bei mir zurückgelassen. Küche ist eben immer und überall eine Frage des Geschmacks.

Die polnische Küche bietet eine unglaubliche Vielfalt, aber gerade auf dem Land kommt sie eher in ihrer deftigeren Art auf den Teller. Vor wenigen Jahren wäre es nahezu unmöglich gewesen, als Vegetarier durchs Land zu reisen, wenn man hätte auswärts speisen wollen. Bis auf leckere Rohkostsalate – *surówki* –, die eigentlich als Beilagen gelten, ein paar vegetarische Teigtaschen oder eine Tomatensuppe war das vegetarische Angebot einer Durchschnittsspeisekarte erschöpft. Heute hat man selbst in den hintersten Winkeln Masurens von seltsamen Menschen gehört, die fleischlos leben.

Dennoch seien Sie gewarnt, mit der Option fleischlos schrumpft das breite kulinarische Spektrum bei Lichte betrachtet arg zusammen. Es ist zudem nicht auszuschließen, dass nicht doch in einem der leckeren Gerichte, die auf den ersten Blick vegetarisch anmuten, noch eine der berühmten polnischen Würste mitschwimmt oder hier und da ein Stück Speck. Vegane Speisen habe ich auf Speisekarten nie gesucht, vermute die Chancen, solche zu finden, eher gegen null. In diesem Fall sollten Sie sich auf Selbstversorgung einstellen, Obst und Gemüse gibt es in Hülle und Fülle.

Als ich einmal mit australischen Freunden auf dem Land unterwegs war, erzählte ich den Gastgebern, dass eine der anwesenden Damen aus Sydney Vegetarierin sei. Zunächst musste ich dieses exotische Lebenskonzept umständlich erklären, weil es sich Pani Jadwiga schlichtweg nicht erschließen wollte, dass es unter der Spezies Mensch tatsächlich Exemplare gab, die freiwillig auf Fleisch verzichteten. Sie war, um es vorsichtig auszudrücken, irritiert, weil es ihrem Verständnis einer guten Gastgeberin vollkommen widersprach, ihren Gästen kein Fleisch zu servieren.

Sie fragte dann noch vergrätzt – ich übersetzte die großen kulturellen Irritationen in diplomatischem Ton –, dass die besagte Dame dann »nur Kartoffeln mit Soße« wolle? Das war vollständig unter ihrer Würde, denn niemals hätte sie als gestandene Hausfrau ihren Gästen »nur« Beilagen kredenzt. Manchmal muss man eben Kröten schlucken, denn die leckere Soße stammte natürlich von dem herrlichen Schweinebraten. Bald löste sich jedoch alles in Wohlgefallen auf: Die undogmatische Australierin griff plötzlich beherzt nach dem Schweinebraten und setzte ihren urbanen Lebensentwurf für diesen einen Tag in Masuren aus. Ich erinnere mich wie heute, es schmeckte allen köstlich.

Auch Suppenliebhaber treffen in Masuren auf ein fast unerschöpfliches Angebot. Wie früher bei meiner masurischen Oma gehört auch zu einem richtigen polnischen Mittagessen immer eine leckere Suppe vorweg. Neben dem bereits erwähnten sommerlichen *chłodnik*, der Gurkensuppe (aus sauren Gurken) *ogórkowa* und der Tomatensuppe *pomidorowa* finden Sie überall deftige Eintöpfe aus Sauerkraut (*bigos* und *kapuśniak*), den auf Basis von Sauerteig gemachten *żurek*, die Graupensuppe *krupnik*, die leckere Suppe aus Rote Bete und Gemüse *barszcz*. Meine zweite polnische Lieblingssuppe ist leider auf eine kurze Saison ab dem späten Frühjahr beschränkt: die Sauerampfersuppe *szczawiowa*, die auch in der überlieferten Küche Ostpreußens weitverbreitet war.

Der kulinarische Reichtum wäre nichts ohne begleitende Getränke. Natürlich gibt es Wodka in allen Preisklassen, vom Billigfusel bis zu weltweit geläufigen Premiummarken. Auch kennen wir in Deutschland mittlerweile die großen polnischen Biersorten wie Tyskie, Lech oder Okocim. Von typisch polnischen Getränken wüsste ich aus Masuren ansonsten kaum, die nicht auch andernorts konsumiert würden.

Ein Getränk muss ich jedoch erwähnen, das historisch eng mit der Landschaft verbunden ist: den Bärenfang. Im ostpreußischen Dialekt hieß er auch Meschkinnes und leitete sich aus dem litauischen Wort für Bär *(meška)* ab. Dieser süße Honigschnaps war nach dem Krieg bei vielen Ostpreußen in Deutschland zu finden. Ähnlich wie der Bernstein galt Bärenfang als identitätsstiftendes Zeichen aus der alten Heimat. Da Honig immer auf der Speisekarte von Bären steht und diese sich noch lange Zeit in den Wäldern Ostpreußens tummelten, hatten die ostpreußischen Likörfabriken stets einen Bären auf dem Flaschenetikett. In deutschen Supermarktregalen sowie im Internet finden sich bis heute einige Anbieter, die die alten ostpreußischen Rezepte nach 1945 mit in den Westen gebracht haben, wie etwa den Bärenjäger. In Polen und im nahen Litauen bezeichnet man den Honigschnaps, der immerhin mindestens 35 Prozent Umdrehungen aufweist, als Krupnik oder in einer leichteren Version als Miodówka.

Bärenfang ist in der gesamten Region bekannt und überall in Polen im üblichen Spirituosensortiment zu finden. Dieses Getränk lässt sich jedoch leicht selbst herstellen. Man nehme Honig und Schnaps und vermenge diese. Dazu finden sich ungezählte Rezepturen im weltweiten Netz. Je nach Geschmack kann diese diabolische Mischung mit Zimtstangen und Vanilleschoten, manchmal auch Nelken verfeinert werden. Ein paar Schalen aus unbehandelten Zitronen wären meiner Meinung nach ebenfalls zuträglich. Das Gebräu lassen Sie ein paar Tage ziehen, dann ist der Bärenfang fertig.

Doch seien Sie vor dem Selbstversuch gewarnt mit Robert Budzinskis zeitlosen Worten zum Honigschnaps aus dem Jahr 1914, dem auch mehr als hundert Jahre später nichts hinzuzufügen wäre. »Der Bärenfang«, so der kluge Beobachter, sei »ein wohlschmeckendes und gut bekömmliches Getränk, in der Wirkung etwa ähnlich dem Zyankali.« Auch er hat zugleich ein Rezept parat. »Man nehme einen Liter reinsten Fusels und ein Pfund reinsten Lindenblütenhonigs und schüttle beides in einer Flasche um.« Doch nun spricht offensichtlich jemand aus eigener Erfahrung. »Man trinke aber nicht selber davon, sondern gebe es guten Freunden und Besuchern, auch sei man vorsichtig den Haustieren gegenüber. Die Wirkung äußert sich vorzüglich durch Betäubung der im allgemeinen überflüssigen Fortbewegungs- und der nur schädlichen Denkorgane.«

Leider kann ich mich nach wagemutigen Selbstversuchen aus Studentenzeiten Budzinskis Urteil nur anschließen, weshalb Sie, liebe Leserinnen und Leser, Bärenfängern in masurischen Wäldern besser aus dem Wege gehen sollten.

Über Namen, die keiner mehr nennt

Masurens Städte und Dörfer tragen seit 1945 polnische Namen. Es sind Namen, die auf Polnisch meistens schon früher existierten, aber erst nach dem Zweiten Weltkrieg die amtlichen Weihen erhielten, als Masuren ein Teil Polens wurde. Die Ortsnamen Masurens weisen eine bewegte Geschichte auf. Um sie entspann sich lange eine nationalistische Vereinnahmung, von der ich an dieser Stelle berichten möchte.

Ortsnamen prägen eine Landschaft. Sie gehören ebenso wie Familiennamen, der Dialekt und lokale Traditionen zum Sound dessen, was ein Zuhause ausmacht. Als Reisende suchen wir oftmals genau das, was wir als authentisch wahrnehmen oder wahrnehmen wollen. Seien wir ehrlich, an oberbayerischen Landgasthöfen möchten wir keine Schilder mit Familiennamen wie Hansen, Johannsen, Hinrichsen lesen. Auf den nordfriesischen Inseln schiene es umgekehrt fehl am Platz, nach einem ausgedehnten Strandspaziergang in einer Gaststube namens

Huber, Gschwandtner oder Mooshammer einzukehren. Zudem hoffen wir, auf unserer Suche nach dem Authentischen möglichst überall Einheimische auszumachen, die unverfälscht ihr lokales Idiom pflegen. Dann läuft uns ein Schauer über den Rücken, denn wir fühlen uns ganz nah dran am Original oder an dem, was wir uns in unserer Fantasie zusammengedrechselt haben.

Genau das suchen Reisende, wenn sie sich auf den Weg machen, andere Kulturen kennenzulernen. Das Authentische wird zum Maßstab aller Dinge. Ein Restaurant erfährt Kultstatus, wenn es »von Einheimischen« frequentiert wird und deshalb nicht als »Touristenabspeise« wahrgenommen wird. Das mag in der Toskana und in Apulien, in der Provence oder im Elsass funktionieren, vielleicht auch noch im Münsterland, der Pfalz oder in Thüringen. Aber was ist mit Masuren? Das stellt auch mich als Autor vor die Herausforderung, was ich Ihnen als authentisch masurisch beschreiben kann und vor allem darf.

Anders als in Bayern, Thüringen oder Niedersachsen hat das 20. Jahrhundert in Masuren eine große kulturelle Zerstörung hinterlassen. Das meine ich nicht landschaftlich, als Raubbau an der Natur, sondern vor allem als Vernichtung einer gewachsenen Kulturlandschaft. Das lässt sich an den Ortsnamen festmachen, die – ebenso wie das masurische Polnisch – in ihrer exotischen Schreibweise den preußisch-deutschen Behörden ein Dorn im Auge waren. Jahrhundertealte gewachsene Namen sollten verstümmelt werden; übrig blieben seelenlose germanisierte Namen.

Was war geschehen? Am Ausgang des 19. Jahrhunderts endete Ostpreußens lange Geschichte der Toleranz. Die sogenannte Restauration ab den Fünfzigerjahren, in der die reaktionären Kräfte über die liberalen Hoffnungen in Deutschland siegten, hatte aus der Provinz eine konservative Hochburg gemacht, dominiert von adligen Kreisen. Ab 1871 gehörte auch Ostpreußen zum neuen Deutschen Kaiserreich, dessen nordöstliche Grenze man schon zuvor im Deutschlandlied in der Zeile »bis an die Memel« besungen hatte. Eigentlich ging Deutschland sogar noch ein Stück über die Memel hinaus und endete an seiner nördlichsten Stelle in Nimmersatt. Daraus entstand der Reim »Nimmersatt, wo das Reich sein Ende hat.«

Mit der Reichsgründung gewann ein neues Nationalbewusstsein die Oberhand, das sich zunehmend der als undeutsch empfundenen Vergangenheit Ostpreußens zu entledigen suchte. Vor allem nahm man die Ortsnamen ins Visier, wie sie in Friedrich Krostas Beschreibung der Grenzen Masurens Ende des 19. Jahrhunderts noch selbstverständlich waren. Im Nordosten die Grenze im Kirchspiel Dubeningken, führt Krosta aus, über die Dörfer Czarnen, Marlinowen, Summowen … Es sind wunderbare Namen, die er wie einen masurischen Hymnus aneinanderreiht: Borkowinnen, Kutzen, Kowahlen, Chelchen, Maszuhren. Amtliche deutsche Ortsnamen klangen hier anders; viele prußische, litauische und polnische Einflüsse prägten einen exotischen Mix, der unverwechselbar ostpreußisch war.

Auswärtige Besucher machten sich gelegentlich über jene Zungenbrecher lustig, was Robert Budzinski dazu veranlasste, diesen Ortsnamen ein bleibendes Denkmal zu setzen: »Bei meinen Wanderungen stieß ich wiederholt auf Ortschaften mit nicht sehr bekannten, aber desto klangvollere Namen, so dass ich oft glaubte, mich in einer verzauberten Landschaft herumzutreiben. So fuhr ich einmal mit der Bahn von Groß-Aschnaggern nach Liegetrocken, Willkischken, Pusperschkallen und Katrinigkeiten, frühstückte in Karkeln, kam über Pissanitzen, Bammeln, Babbeln und abendbrotete in Pschintschiskowsken, übernachten wollte ich in Karßamupchen. An dem folgenden Tage lernte ich noch kennen: Plampert, Purtzunsken, Kotzlauken, Mierunsken, Spirokeln, Wannagupchen, Meschkrupchen, Salvarschienen, hörte noch von Spucken, Maulen, Puspern, Plumpern, Schnabbeln, Wabbeln, wurde ohnmächtig und erwachte in Mierodunsken, wo mich der Landjäger von Uschpiauschken hingebracht hatte. Es dauerte lange, bis ich meine Sprache beherrschte, denn meine Zunge drehte sich fortgesetzt im Leibe rum.«

Derartig schöne zungenbrecherische Ortsnamen widersprachen dem alldeutschen Reinheitsgebot, weshalb man ihnen den Kampf ansagte. Bereits im Kaiserreich hatte man begonnen, alte Ortsnamen »einzudeutschen«, wie es damals hieß. Nach dem Ersten Weltkrieg beschleunigte sich diese Entwicklung, als alles Polnische bekämpft wurde. Das lag vor allem daran, dass das wiedererstandene Polen 1919 auf der Friedenskonferenz in Versailles unverhohlen Gebietsansprüche stellte, unter anderem auf große Teile Ostpreußens. Die Siegermächte waren zwar bereit, Polen auf Kosten Deutschlands große territoriale Zugeständnisse zu machen, doch in der Frage Ostpreußens hatte die polnische Delegation mit ihren Forderungen den Bogen überspannt. Deshalb sollten, so das Ergebnis von Versailles, die Masuren im Rahmen eines Referendums am 11. Juli 1920 selbst über ihre staatliche Zukunft entscheiden. Der Sieg Deutschlands war eigentlich keine Überraschung, aber die polnische Seite wurmte die eigene Niederlage sehr. In einem überwältigenden Bekenntnis mit 99,32 Prozent stimmten die Masuren für einen Verbleib bei Deutschland.

Die Folge war eine aufgeheizte Stimmung. Jene Nachkriegstage und die bange Sorge vieler Menschen um die politische Stabilität ließen das Verhältnis zwischen Deutschen und Polen auf den Gefrierpunkt herunterkühlen. Das war auch in Masuren zu spüren, wo direkt an der Grenze ein neuer Grenzlandgeist entstand. Das masurische Marggrabowa, Kreisstadt des masurischen Kreises Oletzko, nannte sich ab 1928 Treuburg, weil in der Stadt 100 Prozent der Stimmen auf Deutschland gefallen waren.

Gleichmacherisch walzte der neue Nationalismus alles nieder, was ihm nicht passte; was slawisch schien, sollte einen reinen deutschen Klang erhalten. Die Nationalsozialisten trieben die »Germanisierung« auf die Spitze und erwiesen sich als Totengräber masurischer Kultur. Ihr Motto lautete: Tilgung aller slawischen Spuren, auch der Bezeichnungen seiner Dörfer, Wälder und Seen. Diese schönen Namen mit einem polnischen Wortstamm hatten Masuren seinen ganz eigenen landschaftstypischen Sound verliehen. Der Ursprung des Dorfnamens Przepiorken beispielsweise stammte von *przepiórka* (Wachtel), Niedzwetzken von *niedźwiedź* (Bär), Sokolken von *sokół* (Falke), Schikorren von *sikora* (Meise), Krzywen von *krzywy* (krumm, schief), Ogrodtken von *ogródek* (Gärtchen) und Chrzanowen von *chrzan* (Meerrettich).

Damit war es nun vorbei. Am 16. Juli 1938 führten die Nationalsozialisten eine generalstabsmäßig vorbereitete ethnische Flurbereinigung durch. Auf Anweisung von Gauleiter Erich Koch verschwanden an einem einzigen Tag Tausende von Ortsnamen, Bezeichnungen von Seen und Forsten. Mit den neuen Namen wollten die Machthaber beweisen, dass Masuren altdeutsches Siedlungsgebiet sei. Daher hieß Wawrochen fortan Deutschheide, aus Suchorowitz wurde Deutschwalde, Sendrowen Treudorf und Achodden erhielt den Namen Neuvölklingen. »Taufkrankheit« nannte Siegfried Lenz diesen Wahnsinn. Im Kreis Lyck wütete das Virus besonders dramatisch: Von 157 Gemeinden versah man zwei Drittel (102 Dörfer) mit einer germanisierten Neuschöpfung.

Der masurische Ofensetzer Eugen Lawrenz verstand die Welt nicht mehr, lässt ihn Siegfried Lenz in *Heimatmuseum* erzählen, als er 1938 auf altvertrauten Wegen wanderte. »Jedenfalls, der Ofensetzer Eugen Lawrenz will mit nuscht als Freindlichkeit im Kopf den langen Birkenweg nach Panistrugga gegangen sein – einen Weg, den seine Beine sozusagen auswendig kannten –, als er feststellen mußte, daß die alten Hinweisschilder nach Marczinowen und Maleczewen ersetzt worden waren; statt zu den ihm bekannten Ortschaften führten die Abzweigungen jetzt nach Martinshöhe und Maleten.«

Eugen Lawrenz wusste nicht, wie ihm geschah. Alles um ihn herum hatte sich verändert, obwohl er die Gegend wie seine Westentasche kannte. So gelangte er irgendwann nach Panistrugga. »Hier stand das Ortsschild; es war übermalt; es sagte ihm, daß er sich in Herrenbach befand. Eugen Lawrenz will sich da derart genarrt gefühlt haben, daß er nichts nötiger zu haben glaubte als ein Gläschen Nikolaschka; so betrat er die Wirtschaft, in der an einem Ecktisch starräugig Iwaschkowski saß, der Gendarm. Sie tranken sich zu, und danach fragte der Ofensetzer, ob im Bezirk womöglich eine neue Krankheit ausgebrochen sei, die Taufkrankheit, worauf der Gendarm dem Fragesteller empfahl, ihn künftig nicht mehr mit

Iwaschkowski anzureden, sondern mit Hausbruch, Waldemar Hausbruch.« In lokaler Mundart fasste Eugen Lawrenz den Irrsinn zusammen: »Nu is jeschafft, sagte er, nu haben se einen Irrjarten jemacht aus Masuren.«

Das reichte den Nationalsozialisten noch lange nicht, weshalb sie gleichfalls Flur- und Seennamen den Garaus machen wollten. Akribisch durchforstete man alte Landkarten und Messtischblätter, vielfach mithilfe der Wissenschaft, um die letzten Zeugnisse einer multiethnischen Vergangenheit zu beseitigen. So verschwand der Krzyweksee, der mit seinem neuen Namen Bogensee überall in Deutschland hätte liegen können, ebenso der Trozianeksee, der zum Bauernsee degradiert wurde, der unschuldige Piawnicksee hieß fortan Egelsee und die Bubrowkawiesen banal Bohnenwiesen.

Selbst Familiennamen waren vor den Nazis nicht sicher. Eifrige Parteifunktionäre hatten es besonders eilig, ihre alten Namen loszuwerden und durch direkte Übersetzungen oder Fantasienamen zu ersetzen. Das führte dazu, dass die alte masurische Bauernfamilie Brzezinski sich in den Dreißigerjahren in drei Namensvarianten wiederfand: Der Hoferbe behielt, aus störrischem Familiensinn vielleicht, den alten Namen Brzezinski, ein Bruder nannte sich fortan Brenk, ein weiterer entschied sich für Bürkner. Die nationalsozialistischen Behörden erleichterten die Namensänderungen, ja erwarteten sie sogar vor allem von Beamten und Parteibonzen. Erstaunlich viele Masuren beharrten jedoch auf ihren angestammten Familiennamen. Selbst verdiente Parteimitglieder der NSDAP hießen weiterhin Czygan, Dzwonek, Turowski, Trzaska, Przytulla, Grzybowski, Wyludda, Fidorra, Opalka, Chittka, Gemballa, Ollech oder Posdziech, was ihrer nationalsozialistischen Gesinnung keinen Abbruch tat. Die teilweise noch polnischsprachigen Masuren waren in ihrer großen Mehrheit treue Anhänger Adolf Hitlers.

Noch 1870 betrachtete der preußische Historiker Max Toeppen die Geschichte Masurens als Gegensatz und Versöhnung zwischen Deutschen und Polen. Adolf Hitler und die NSDAP löschten die jahrhundertealte Kulturlandschaft mit Stumpf und Stiel aus. Mehr als fünfzig Prozent aller Ortsnamen verschwanden, ersetzt durch deutsche Übersetzungen oder verzerrte Wortungetüme. Auch nach 1945, diesmal in der Volksrepublik Polen, gingen alte masurische Ortsnamen verloren und wurden gegen ideologische neupolnische Fantasienamen eingetauscht. Der überwältigende Anteil der polnischen Ortsnamen zeugt heute jedoch von den ursprünglichen masurischen Wurzeln.

Wie also gehe ich in diesem historisch arg gebeutelten und mitunter belasteten Landstrich mit dem Authentischen um? Ortsnamen zeigen, wie schwer die Suche nach dem Masurischen ist, wo selbst diese ihre Unschuld verloren haben und immer wieder dem jeweiligen Zeitgeist geopfert wurden. In diesem Buch verwende ich jene deutschen Ortsnamen, die *vor* den Nationalsozialisten im Gebrauch waren und die Siegfried Lenz und Robert Budzinski literarisch verewigt haben. Ihrem schönen Klang möchte ich an dieser Stelle für deutschsprachige Leserinnen und Leser noch einmal Raum geben.

Tāwa Nouūson kas tu essei Endangon: Prußens Ureinwohner

Polen und Deutsche zankten sich also um Masuren und Ostpreußen. Sie interpretierten die Vergangenheit in diese oder jene Richtung, so wie es ihnen gerade in den Kram passte. Die polnische Seite ignorierte gern, dass diese Landschaft über Jahrhunderte preußisch-deutsch geprägt war, während die deutsche Geschichtsschreibung den polnischen oder auch litauischen Beitrag zu Ostpreußens Kultur unterschlug. Dabei vergaßen beide Seiten, wer vor ihnen in Preußen lebte. Ich sage bewusst Preußen und meine damit keineswegs Potsdam oder Berlin-Brandenburg. Preußen, auch der Name stammt ursprünglich aus Masuren. Hier liegt das wahre Preußen, meine Damen und Herren, nicht in Sanssouci oder in der brandenburgischen Mark. Baltische Stämme – die Prußen – waren seine Ureinwohner und gaben nicht nur der Landschaft, sondern später dem ganzen Staat Preußen seinen Namen. Doch der Reihe nach.

Die Ursprünge Preußens zwischen den großen Flüssen Weichsel und Memel liegen weitgehend im Dunkeln.

Einer jedoch wusste um die genaue Entstehung, nämlich der uns mittlerweile altbekannte Robert Budzinski. »Am Anfang schuf Gott Himmel und Erde und Ostpreußen«, schrieb er. »Und der Geist Gottes schwebte über den Wassern und ruhte sich über Ostpreußen aus.«

Zurück jedoch zur ernsthaften Betrachtung. Die Bedeutung des Wortes Preußen – Prußen oder Prusai – konnte bislang nicht eindeutig geklärt werden. Bereits antike Quellen bei Tacitus und Ptolemäus erzählen von jenen Stämmen im Norden. Im Römischen Reich spielte der begehrte Bernstein – das Gold der Ostsee – eine wichtige Rolle, weshalb die Landschaften der Prußen schon damals für ihre reichen Bernsteinvorkommen bekannt waren. Vor allem an den Stränden der Ostsee, wo westlich von Königsberg im samländischen Palmnicken – russisch Jantarny – bis heute weltweit einzigartig Bernstein im Tagebau gefördert wird. Früher oder später werden auch Sie auf Ihrer Reise auf Bernstein stoßen, spätestens in Danzig, durch das Sie sicher kommen und wo unzählige Boutiquen teils mit kitschigen, manchmal auch sehr geschmackvollen Bernsteinverarbeitungen auf Kauflustige warten.

Bereits im sozialistischen Polen boten Händler in Danzig, Marienburg oder Allenstein devisenkräftigen Besuchern Bernstein feil. Für die alten Ostpreußen kam Bernstein nach dem Zweiten Weltkrieg einer kostbaren Reliquie gleich, es war das ostpreußische Gold. Bernstein bildete eine Brücke in die verlorene Heimat. Ältere ostpreußische Damen erkannte man an ihrem Bernsteinschmuck, wenn sie in den Cafés westdeutscher Städte saßen. Meistens trugen sie eine Kette und dazu häufig passende Ohrringe. Vielfach hatten jene älteren Damen als junge Frauen diesen Schmuck auf ihrer Flucht retten können. Andere brachten das heimatliche Gold als Heimwehtouristen aus Polen mit, wo sie Bernsteinschmuck auf ihren Reisen in das ehemalige Ostpreußen erwarben.

Meine Großmutter besaß eine wunderbare Kette mit einem großen Bernstein, den ihr mein Großvater vor dem Krieg in Königsberg zur Verlobung geschenkt hatte. Sie trug diese Kette sehr oft. Wir Enkelkinder liebten diesen großen Bernstein, als dessen Einschluss – auch Inkluse genannt – eine urzeitliche prußische Mücke zu sehen war. Als Kinder blieb uns rätselhaft, wie diese Mücke in Omas Bernsteinkette gekommen war.

Seit der Antike war Bernstein der preußische Exportschlager. Über alte Handelswege wie die Bernsteinstraße gelangte er aus dem Land der Prußen bis in das ferne Rom. Nach dem Untergang des Imperium Romanum versank Preußens Geschichte lange Jahrhunderte in der abendländischen Überlieferung. Erst Mitte des 9. Jahrhunderts tauchten die Prußen als Bruzi in einer frühmittelalterlichen Handschrift, dem *Bayerischen Geographen*, wieder auf. Mehr als ein Jahrhundert später berichtete der jüdische Reisende Ibrahim ibn Ja'qub von den östlichen Landschaften Brus. Beide kannten die Prußen jedoch nur vom Hörensagen, waren also selbst nie vor Ort.

Dass ohne eigene Anschauung von dort berichtet wurde, sollte sich erst dreißig Jahre später ändern. Ein böhmischer Adeliger namens Adalbert – tschechisch Vojtech, polnisch Wojciech, ungarisch Béla – machte sich auf den Weg ins ferne Preußen. Sein Ziel war es, die Prußen als wahrscheinlich letzte Heiden Mitteleuropas zum Christentum zu bekehren. Das ging nicht gut für ihn aus, denn 997 wurde Adalbert von ebensolchen prußischen

Heiden ermordet. Sein Missionierungsversuch scheiterte, und die Prußen beteten weiter zu ihren alten Göttern. Nach dieser Bluttat versanken die baltischen Ureinwohner noch einmal im Dunkel der Geschichte – bis zur Ankunft des Deutschen Ordens im 13. Jahrhundert.

Doch Adalberts grausamer Tod bewegte die europäische Christenheit, denn damit konnte sie ihn bald als Märtyrer verehren. Polens König Bolesław I. Chrobry ließ Adalberts Leichnam nach Gnesen überführen, wo er im dortigen Dom beigesetzt wurde. Selbst der römisch-deutsche Kaiser Otto III. ließ es sich nicht nehmen und reiste im Jahr 1000 eigens zu den Beisetzungsfeierlichkeiten dorthin. Rasch war mit seiner Geschichte der versuchten Heidenmission eine neue Heiligenlegende geboren. Der heilige Adalbert wurde zum Patron Polens, weshalb Gnesen und nicht Krakau oder Warschau bis heute der Sitz des Primas der katholischen Kirche im Land ist.

Da er gebürtiger Tscheche war, wollte man auch in Prag von seinem Märtyrertod profitieren. Seit 1039 ruhen seine Gebeine deshalb im Prager Veitsdom, der Adalbert – Vojtech oder Veit – geweiht ist. 1997 erschienen anlässlich seines 1000. Todestages in mehreren europäischen Ländern Sonderbriefmarken. Adalbert wurde als früher Europäer gewürdigt. Sollten Sie auf Ihrer Reise nach Masuren in Gnesen haltmachen, versäumen Sie nicht, sich im altehrwürdigen Dom auf der einzigartigen mittelalterlichen Bronzetür seine Heiligenlegende anzuschauen. Diese romanische Pforte am Südportal schildert in 18 Einzelreliefs Adalberts Heiligenlegende. Die in der zweiten Hälfte des 12. Jahrhunderts entstandenen Bronzereliefs dürften wahrscheinlich die frühesten Abbildungen der preußischen Ureinwohner sein.

Heute würden wir die Prußen als indigene Bevölkerung bezeichnen. Sie kannten kein einheitliches Staatswesen, sondern lebten in einzelnen Stammes- und Familienverbänden. Deshalb fiel es dem Deutschen Orden ab 1255 leicht, die prußischen Stämme zu unterwerfen und ihr Land in Besitz zu nehmen. Das Prußische gehörte zu den vier baltischen Sprachen, denen auch das Litauische, Lettische und Kurische zugerechnet wird, die eng miteinander verwandt waren. Insgesamt sind nur 1800 prußische Wörter überliefert, da die Sprache bis zum 16. Jahrhundert keine eigene Schrift besaß. Erst mit der Reformation fand durch drei Übersetzungen des lutherischen Katechismus unter Herzog Albrecht von Preußen eine Verschriftlichung statt. Pfarrer Abel Will übersetzte den Katechismus ins Prußische, der 1561 in Königsberg erschien. Darin findet sich auch das Vaterunser, ein seltenes Zeugnis der prußischen Sprache, dessen erste Zeile lautet: »Tāwa Nouūson kas tu essei Endangon.« Lesen Sie es sich einmal laut vor, es klingt wie aus einer anderen Welt, mitten in Europa.

Was die reformatorischen Theologen damals nicht ahnen konnten, als Prußisch um sie herum noch eine gelebte Sprache war: Ihnen gelang etwas Sensationelles, denn mit ihrer Verschriftlichung dokumentierten sie eine bislang allein mündlich überlieferte Sprache wenigstens in Ansätzen für die Nachwelt. Doch auch der neue prußische Text konnte den Untergang dieser alten Sprache nicht verhindern. Man geht davon aus, dass sie ein gutes Jahrhundert später verschwunden war. Allerdings wurde sie – anders als später behauptet – nicht ausgerottet, sondern ging in den anderen Sprachen Preußens auf, neben Deutsch waren es Litauisch und das masurische Polnisch.

Mitten in Europa versank eine alte Sprache und mit ihr auch viel Wissen um die Ursprünge der prußischen Ureinwohner. Peter von Dusburgs *Chronik des Preußenlandes* nennt im 14. Jahrhundert zwölf historische Landschaften der Prußen: Pomesanien, Warmien, Natangen, Samland, Kulmer Land, Löbau, Pogesanien, Nadrauen, Schalauen, Sudauen, Galinden und Barten. Diese Landschaften wurden von Stämmen bewohnt, die jeweils weitgehend selbstständig lebten. Das spätere Masuren lag überwiegend im alten Prußengau Galinden und teilweise in Sudauen. Über seine Bewohner ist wenig bis gar nichts bekannt. Die Prußen blieben eine ländliche Gemeinschaft. Doch zeigte die Bernsteinstraße, dass sie bereits in der Antike regen Handel trieben.

Das sollte auch später der Fall sein, wovon die legendäre Siedlung Truso bei Elbing zeugte. Sie war das Tor der Prußen zur Ostsee. Der Ort lag verkehrsgünstig am Frischen Haff in der Nähe des Weichseldeltas. Der angelsächsische Händler Wulfstan besuchte Truso um 890 im Auftrag König Alfreds des Großen. Handel und Wirtschaft der Prußen basierten vor allem auf Bernstein und Pelztieren. Silberfunde aus der Zeit unmittelbar vor der Eroberung durch den Deutschen Orden belegen ebenfalls einen nicht unbedeutenden Reichtum. Nicht zuletzt die wiederentdeckten Bestände der ehemaligen Königsberger Prussia-Sammlung, die heute vor allem im Museum für Ur- und Frühgeschichte der Staatlichen Museen zu Berlin im Neuen Museum aufbewahrt werden, zeigen das Land der Prußen als eine internationale Drehscheibe mittelalterlicher Handelsbeziehungen.

Die prußische Götterwelt und ihre Religion sind gleichfalls nur schemenhaft überliefert. Die Götternamen Perkuns, Natrimpe (oder Patrimpe) und Patollu werden am häufigsten aufgeführt. Naturkräfte wie Götter verehrten die Prußen in heiligen Hainen und an geweihten Gewässern. Aus der knappen Überlieferung ragt die Gottheit Perkuns (auch Perjuns, Perkunas, Perkunos), der Kriegsgott der Prußen, heraus. Perkuns, der im Grollen von Donner und Blitzen erschien, erfuhr vielfache Verehrung. In der vorchristlichen Welt Litauens und Lettlands waren identische oder ähnliche Gottheiten bekannt.

Prußische Spuren finden sich allerdings bis heute, vor allem in Familiennamen wie Kalnein oder Perkuhn, in überlieferten Orts- und Seebezeichnungen wie dem Alt-Keykuther See. In ihnen spiegelt sich das alte vorchristliche Preußen wider. Andere, vor allem materielle Überlieferungen sind dagegen seltener zu finden, aber es gibt sie. Beispielsweise steht im Innenhof der Allensteiner Burg eine merkwürdige Gestalt. Eine steinerne Stele zeigt einen menschlichen Körper, etwas unförmig mit kreisrundem Kopf. Sie scheint nicht in dieses gotische Backsteinensemble zu passen, diese Babe, eine von wenigen erhaltenen Exemplaren aus prußischer Zeit. Ursprünglich stand sie in Barciany (Barten), von wo sie 1948 hierhergebracht worden ist. Über ihre Funktion und Bedeutung ist nichts bekannt.

Wenn Sie in der Hauptstadt der Wojewodschaft Ermland-Masuren weilen, versäumen Sie auf keinen Fall einen Besuch der wunderbaren Burg, die unübersehbar mitten über der Stadt thront. Das Museum für Ermland und Masuren beherbergt noch andere seltene archäologische Fundstücke aus prußischer Zeit. Weitere vier steinerne Baben stehen im Vorgarten des Danziger Archäologischen Museums am Ufer der Mottlau.

Zum Glück ist Polen ein Paradies für historisches Reenactment. Wenn Sie also erfahren wollen, wie die alten Prußen gelebt haben könnten, dann reisen Sie nach Masuren. Nach einer Fahrt durch die masurischen Wälder stoßen Sie unweit des Beldahnsees auf eine märchenhaft anmutende Siedlung, umrankt von Pflanzen, Holzpalisaden und nicht zuletzt grimmigen Gestalten aus Holz. Hier schuf sich der Bildhauer und Hotelier Cezary Kubacki sein masurisches Eden. Ursprünglich arbeitete er als Arzt und Therapeut, hier jedoch ließ er das prußische Galinden auferstehen. In seinem Hotel Galindia kann man auf galindische Art übernachten und speisen. Der Besitzer errichtete mit seinen Holzplastiken ein wahres Freilichtmuseum. Ob authentisch oder nicht: Sie sollten an diesem schönen Ort direkt am Beldahnsee nicht kleinmütig werden. Lassen Sie alle Daten und Fakten hinter sich, halten Sie für einen Augenblick einfach inne. Eine Warnung muss ich jedoch aussprechen. Es scheint mehr als ein Gerücht: Einige Einheimische tragen hier noch die original galindische Tracht, unter ihnen der Hausherr selbst mit seinem prächtigen grauen Bart. Genießen Sie Galinden im masurischen Eden!

Tannenberg: Kreuzritter gestern und heute

Woher die Liebe vieler Polen zum historischen Reenactment stammt, hat mir bislang niemand sagen können. Ritterspiele sind sehr verbreitet, auch in Masuren, wo seit 1998 alljährlich Mitte Juli bei einem Riesenspektakel die mittelalterliche Schlacht von Grunwald nachgespielt wird. Tausende Liebhaber mittelalterlicher Kostüme und Rüstungen machen sich nicht nur aus Polen auf den Weg, sondern ebenso aus vielen Nachbarländern. Zehntausende Besucher verfolgen eine der größten historischen Inszenierungen Europas, die bei uns unter dem Namen Schlacht von Tannenberg geläufiger ist. Zum Glück erfolgt das heute vor allem mit einem Augenzwinkern. Um was aber geht es, was polnische Nachbarn so begeistert in die Ritterrüstungen schlüpfen lässt?

Anders als wir Deutschen haben unsere Nachbarn ein ausgeprägtes historisches Langzeitgedächtnis. Jeder Schüler in Polen kennt das Jahr 1410. Die Schlacht von Grunwald – *Bitwa pod Grunwaldem* – gehört deshalb zur nationalen DNA. Jede Stadt Polens erinnert mindestens mit einer Straße – einer *ulica Grunwaldzka* oder einem *plac Grunwaldzki* – an jenen Sieg der polnisch-litauischen Heere über den Deutschen Orden, die Kreuzritter. Das alles hat mit einem der großen polnischen Schriftsteller zu tun, nach dem allerorten ebenfalls mindestens eine Straße benannt ist: Henryk Sienkiewicz. Der Historienschriftsteller erlangte weltweit Berühmtheit durch seinen Roman *Quo Vadis*, für den er auch den Literaturnobelpreis erhielt. In Polen ist er vor allem durch seinen Roman *Die Kreuzritter* bekannt, der bis heute zur Pflichtlektüre in den Schulen des Landes zählt.

In Polen kennt jeder das Symbol für den Deutschen Orden. Seit dem 19. Jahrhundert galt es im modernen polnischen Nationalismus als die Verkörperung des Bösen schlechthin. Für das von Preußen, Russland und Österreich aufgeteilte Land im Herzen Europas stand das schwarze Kreuz auf weißem Grund für den seit dem Mittelalter bestehenden deutschen »Drang nach Osten«. Bereits vor Henryk Sienkiewicz prägte sich dieses Symbol aus dem Mittelalter als Chiffre für das nationale Trauma der Polen ein. Vor allem der Dichterfürst Adam Mickiewicz schuf in romantischer Vaterlandsliebe in seinen Werken *Grażyna* und *Konrad Wallenrod* ein wenig schmeichelhaftes Bild vom Deutschen Orden. Jene Kreuzritter nutzte er jedoch als Vorwand, um die fremde Besatzungsmacht – nämlich die russische Herrschaft im Königreich Polen – anzuprangern. Der Deutsche Orden musste herhalten, um der allgegenwärtigen Zensur im russischen Teil Polens zu entgehen.

Als die polnischen Untertanen im preußischen Teilungsgebiet sich für mehr Minderheitenrechte und vor allem den Gebrauch der polnischen Sprache starkmachten, griffen sie gleichfalls auf den Deutschen Orden zurück, diesmal jedoch mit unmissverständlich antideutscher Stoßrichtung. Für die polnische Nationalbewegung galten Preußen und nach 1871 das neue Deutsche Reich als Hort nationalistischer Expansionsgelüste. Henryk Sienkiewicz griff mit seinem Roman *Die Kreuzritter* diese antideutsche Botschaft erneut auf, als sich Anfang des 20. Jahrhunderts die preußisch-deutsche Ostmarkenpolitik aus polnischer Sicht immer bedrohlicher gebärdete. Der Kreuzritter im mittelalterlichen Gewand verkörperte fortan den bösen Deutschen.

Wenige Jahre nach Erscheinen von *Die Kreuzritter* verfasste die Schriftstellerin Maria Konopnicka ein Gedicht, das 1910 in Krakau während des 500. Jubiläums der Schlacht von Grunwald/Tannenberg erstmals öffentlich vorgetragen wurde. Als *Rota* sollte es zum patriotischen Lied gegen die preußische Teilungsmacht schlechthin aufsteigen, für das der aus Ostpreußen stammende Feliks Nowowiejski die bekannte Melodie schuf. Auch Konopnicka griff auf den Deutschen Orden als antideutsches Bild zurück: »Der Kreuzritter wird uns ins Antlitz nicht spei'n/Unsere Kinder nicht germanisieren.« Konopnicka und Sienkiewicz wurden zu literarischen Ikonen des Widerstands. In einer Zeile der bis heute in nationalen Kreisen beliebten *Rota* heißt es: »bis zum letzten Atemzug verteidigen wir des Geistes Gut. Bis sich zu Schutt und Staub zerschlug der Kreuzritter böses Blut.«

1910 nahmen 150 000 Menschen an der Krakauer Fünfhundertjahrfeier teil, bei der zugleich ein Denkmal feierlich eingeweiht wurde, nicht ohne Botschaft für die Gegenwart: »Den Vorfahren zum Ruhm und Den Brüdern zur Ermutigung« lauteten die Inschriften. Der lang zurückliegende historische Sieg der vereinten Heere Polen-Litauens sollte allen Polen in den drei Teilungsgebieten Mut machen, an die Wiedererstehung ihres Landes zu glauben. Noch einmal griff Polen den historischen Sieg gegen Deutschland auf, als es den Sieg über Hitlerdeutschland als zweites Grunwald feierte.

Der Ordensritter mit schwarzem Kreuz verkörperte auch nach dem Zweiten Weltkrieg, der für Polen vom ersten Kriegstag an Besatzung und Vernichtung bedeutet hatte, den bösen Deutschen. *Die Kreuzritter* erlebten eine Renaissance. Aleksander Ford verfilmte 1960 den Roman von Henryk Sienkiewicz anlässlich des 550. Jahrestags der Schlacht von Tannenberg. Dieser großartige Monumentalschinken bleibt ein wahrer Filmklassiker und macht mit seiner deutschen Synchronisation aus der DDR dieses besondere Kapitel der polnisch-deutschen Geschichte vor allem durch seine hohe Symbolik verständlich. Unmittelbar vor der berühmten Schlacht machen sich beide Heere durch Gesang Mut, wie eine bekannte Szene zeigt. Während das polnisch-litauische Heer das älteste polnische Lied, eine Marienhymne, anstimmt – die *Bogurodzica* –, singen die Kreuzritter ihre Hymne *Christ ist erstanden*.

Grunwald – Tannenberg: Polen und Deutsche stritten lang über die Bewertung der mittelalterlichen Schlacht. Während Tannenberg in Deutschland weitgehend vergessen ist, spielt Grunwald für das polnische Nationalbewusstsein bis heute eine wichtige Rolle. Was aber hatte es mit diesem Gemetzel auf sich, das im heißen Sommer 1410 in Masuren stattfand? Am 15. Juli erfuhr der Deutsche Orden auf einem Schlachtfeld zwischen den beiden

Dörfern Grünfelde, dem der polnische Name für die Schlacht Grunwald folgt, und Tannenberg eine krachende Niederlage. Sein Hochmeister Ulrich von Jungingen starb den Rittertod, während der polnische König Władysław II. Jagiełło und der litauische Großfürst Vytautas den militärischen und politischen Sieg über den Deutschen Orden davontrugen.

Spätere nationale Geschichtsschreibungen kannten keine Skrupel, das ferne Mittelalter für eigene Zwecke zu nutzen. Naturgemäß überhöhte die polnische Seite den Sieg, während die deutschen Nationalhistoriker seit dem 19. Jahrhundert die »deutsche« Niederlage als Schmach interpretierten. Ihre Nationalgeschichtsschreibung sah sich in der Defensive und benötigte ihrerseits ein neues Narrativ. Dafür sorgte der preußisch-deutsche Historiker Heinrich von Treitschke, der den Deutschen Orden in eine lange Linie einreihte im Kampf um die deutsche Vorherrschaft im östlichen Europa. Sein Aufsatz *Das deutsche Ordensland Preußen* beschreibt die Inbesitznahme des Landes Preußen durch den Orden: »Kaum ist ein Stück Landes von den Deutschen durchstürmt, so führen deutsche Schiffe Balken und Steine die Weichsel herab, und an den äußersten Grenzen des Eroberten entstehen jene Burgen, deren strategisch glückliche Lage Kriegskundige noch heute bewundern – zuerst Thorn, Kulm, Marienwerder. Diese vorgeschobenen Posten sind im Kleinen, was das Ordensland dem Reiche war: ein fester Hafendamm, verwegen hinausgebaut vom deutschen Ufer in die wilde See der östlichen Völker.«

Für Treitschke war der Deutsche Orden nicht weniger als ein Bollwerk der Zivilisation, ein beharrlich-standhaftes Gebilde inmitten einer vermeintlich slawischen Anarchie, weshalb das Schaffen des Ordens »von der größten, folgenreichsten That des späteren Mittelalters, von dem reißenden Hinausströmen deutschen Geistes über den Norden und Osten, dem gewaltigen Schaffen unseres Volkes als Bezwinger, Lehrer, Zuchtmeister unserer Nachbarn« zeuge.

Hier klingt die Idee bereits an, dass am deutschen Wesen die Welt genesen solle. Jene Verachtung gegenüber den slawischen Nachbarn schlug vor allem im Zweiten Weltkrieg in Besatzung, Terror und Vernichtung um. Schon Treitschke sah die Deutschen seit dem Mittelalter in der Rolle der Zuchtmeister, verkörpert im Deutschen Orden, der eine disziplinierende Größe gegenüber den slawischen Nachbarn darstelle: »Die massiven Gaben deutscher Gesittung, das Schwert, der schwere Pflug, der Steinbau und die ›freie Luft‹ der Städte, die strenge Zucht der Kirche verbreiten sich über die leichtlebigen Völker des Ostens.«

Wenn sich die Deutschen um 1900 also in der Tradition der mittelalterlichen Kreuzritter sehen wollten, blieb ihnen nichts anderes übrig, als »ihre« Niederlage umzudeuten. In dieser Logik errichtete man auf dem Schlachtfeld einen Gedenkstein für den gefallenen Hochmeister mit folgender Inschrift »Im Kampf für deutsches Wesen, deutsches Recht starb hier der Hochmeister Ulrich von Jungingen am 15. Juli 1410 den Heldentod.« Ebenso wie die polnische Seite nahmen die Deutschen das Erbe des Mittelalters an, um es rückwirkend in ihrem Sinne zu interpretieren. Demnach galt die Niederlage vor einem halben Jahrtausend als Demütigung, die nach Revanche verlangte.

Zufällig fand unweit des mittelalterlichen Schlachtfelds 1914 eine neue Schlacht von Tannenberg statt, als russische Truppen in Ostpreußen einmarschierten, worauf die deutsche Seite ihre Chance witterte. Hindenburgs Sieg über die Russen habe die Schmach durch die »Slawen« aus dem Jahr 1410 getilgt. Aus diesem Grund erhielt die Entscheidungsschlacht gleichfalls den Namen Tannenberg, wie der deutsche General Erich Ludendorff in seinem Kriegstagebuch festhielt: »Das Oberkommando verlegte am 28.8., früh seine Gefechts-Befehlsstelle nach Frögenau, westlich Tannenberg, ich war dagegen, weil ich zu abergläubisch war. Später schlug ich vor, daß die Schlacht den Namen Tannenberg bekommen soll, als Sühne für jene Schlacht von 1410.«

Man nahm es nicht so genau, als die Propaganda die russische Zarenarmee als »Slawen« mit dem mittelalterlichen Tannenberg gleichsetzte, was nichts als ausgesprochener Unsinn ist. Fortan galt in Deutschland Tannenberg als Wallfahrtsstätte, versehen mit einem neuen Denkmal, das als Hoffnung für ein neues starkes Deutschland stand. Diesen Mythos machten sich die Nationalsozialisten zu eigen, indem sie Tannenberg als Symbol für eine angebliche deutsche Überlegenheit sahen. Nach dem deutschen Überfall 1939 sollte die Schmach von 1410 endgültig getilgt werden, so das perfide Argument der neuen Kreuzritter im Gewand von Massenmord und Vernichtung.

Wenn Ihnen angesichts derartiger historischer Verwerfungen der Kopf schwirrt, sind Sie sicher nicht allein. Polen und Deutsche gleichermaßen missbrauchten eine mittelalterliche Schlacht, allerdings erst viele Jahrhunderte später, als man das Mittelalter national zu lesen begann, obwohl 1410 die Zuschreibungen »deutsch« oder »polnisch« keine Rolle gespielt hatten. Das hielt nationale Eiferer seit dem 19. Jahrhundert nicht ab. Unentwegt erhitzten die Namen zweier unschuldiger Dörfer die nationalistischen Gemüter. Als Masuren 1945 Teil Polens wurde, schrieb die Volksrepublik ein neues Kapitel. An der Stelle, wo man die mittelalterliche Schlacht vermutete, entstand zum 550. Jahrestag 1960 ein neues Denkmal. Das auf dem Gelände befindliche Museum rekonstruiert mittlerweile nicht nur die historische Schlacht von 1410, sondern unterstreicht zugleich Grunwalds Bedeutung für das polnische Gedächtnis.

Heute eignet sich das Schlachtfeld aus dem fernen Mittelalter für gänzlich unschuldige – postnationale – Spaziergänge, bei denen der Blick weit über die Landschaft schweift. Übrigens: Die Ritterromantik nutzen heute gleich zwei schicke Hotels. Sowohl im Städtchen Rhein bieten das Hotel Zamek Ryn wie das Hotel St. Bruno im unweit gelegenen Lötzen gediegene Hotellerie im mittelalterlichen Ambiente, ganz standesgemäß in den Mauern ehemaliger Burganlagen des Deutschen Ordens.

Tannenberg oder Grunwald veranschaulichen eindrucksvoll die einseitige Vereinnahmung von Vergangenheit. Seit Langem wird zum Glück rhetorisch abgerüstet. Die Gegend erscheint ganz friedlich. Polen wie Deutsche können gemeinsam bei den alljährlichen Ritterspielen – während der Tage von Grunwald *(Dni Grunwaldu)* – mitwirken, um den Juli 1410 für einen Moment wiedererstehen zu lassen. Dabei spielte beim großen Grunwald-Spektakel Jarosław Struczyński stets die Rolle des Hochmeisters des Deutschen Ordens, Ulrich von Jungingen. Das ist in mehrfacher Hinsicht erstaunlich. Nicht nur stellte er einen Deutschen dar, sondern – so sagte er 2016 in einem Interview – musste er in dieser

Rolle bereits seit Gründung des Festivals 19-mal auf dem Schlachtfeld sterben. Als das Gemetzel sich 2010 zum 600. Mal jährte, starb er gleich zweimal: einmal beim offiziellen staatlichen Festakt und ein zweites Mal, wie jedes Jahr, bei den Ritterspielen.

Im Hauptberuf ist Jarosław Struczyński Kastellan der Burg Mewe an der Weichsel. Deshalb verbindet der gelernte Ingenieur seinen Beruf als Wächter über ein historisches Wahrzeichen mit seiner privaten Passion für mittelalterliche Inszenierungen. Diese Liebe für historisches Reenactment baut Brücken, jeder spielt eine Rolle, hochsympathisch und mit Liebe zum Detail. Am Ende gehen die neuen Kreuzritter, ob Freund oder Feind, gemeinsam nach getaner Arbeit – in diesem Fall also nach geschlagener Schlacht – ein Bier trinken.

Der einsame Tod eines russischen Generals

Eine verlassene Stelle mitten in einem Kiefernwald katapultierte Masuren in die große Weltliteratur. Nur wenige Reiseführer verraten diesen Ort, der abseits der touristischen Hauptpfade liegt, unweit der Försterei Karolinenhof nahe der Gemeinde Willenberg. Von dort nehmen Sie die Landstraße 604 südwestlich Richtung Neidenburg. Nach einigen Kilometern biegen Sie am Hinweisschild »Leśnictwo Karolinka« links ab. Nachdem Sie das schöne alte Forstgehöft passiert haben, geht es rechts etwa 800 Meter weiter. Falls das alles nichts wird und Sie sich vor lauter Kiefern nicht mehr zurechtfinden, konsultieren Sie Google Maps (Pomnik Samsonowa). Mitten im Wald sollten Sie sich jedoch nicht immer auf guten Handyempfang verlassen.

Unweit des Waldwegs steht ein schlichter Gedenkstein, aus Findlingen gemauert, auf dem eine deutsche Inschrift an einen russischen General erinnert. Exakt 504 Jahre nach der mittelalterlichen Schlacht brachte ein neuer

Krieg – der Große, wie ihn Briten und Franzosen nennen – neues Leid. Der einsame Gedenkstein, der russische General, das alles steht in unmittelbarem Zusammenhang mit den Ereignissen, von denen hier die Rede sein wird.

Der Erste Weltkrieg wird meistens mit den Schlachtfeldern im Westen verbunden, in Belgien und Nordfrankreich. Deshalb denken viele zunächst an Namen wie Verdun, Langemarck, Ypern oder die Kämpfe an Somme und Marne. Weithin vergessen sind hingegen die Schlachtfelder im östlichen Europa. Kaum jemand erinnert hier an den Ersten Weltkrieg, weil die damals Krieg führenden Mächte – das russische Zarenreich, das deutsche Kaiserreich, die österreichisch-ungarische Monarchie sowie das Osmanische Reich – nicht mehr existieren. Auf den Schlachtfeldern in Galizien, den Karpaten oder auf dem Balkan starben Millionen Menschen im Namen von versunkenen Imperien, mit deren Untergang auch die Erinnerung an sie verblasste.

Verblasst ist ebenfalls die Erinnerung daran, dass Deutschland selbst Kampfgebiet war, und zwar an seiner Ostgrenze, in Ostpreußen, genauer im masurischen Süden der Provinz. Anfang August überschritten hier russische Truppen die Grenze. Der Schlacht von Tannenberg im August 1914 und dem Schicksal der russischen Narew-Armee setzte der Nobelpreisträger Alexander Solschenizyn ein literarisches Denkmal. In seinem Roman *August Vierzehn* beschrieb er das tragische Ende von General Alexander Wassiljewitsch Samsonow. Als sich die vernichtende Niederlage seiner Armee gegen die Deutschen abzeichnete, nahm er alle Schuld auf sich und wählte den Freitod, genau hier in der Nähe der Försterei Karolinenhof.

In einer Nacht löste sich der gedemütigte Samsonow von einem versprengten Haufen seiner Armee und blieb inmitten der Kiefernwälder stehen. Doch hören wir einfach, wie der große Solschenizyn diesen Moment beschreibt: »Ringsum war es still. Die Stille der Welt, nichts von einer Armeeschlacht. Nur das Wehen des leichten frischen Nachtwindes. Die Gipfel der Bäume rauschten leise. Dieser Wald war nicht feindselig: er war nicht deutsch, nicht russisch, er war Gottes und gewährte jedem Lebewesen Obdach.« Der Schriftsteller schildert als literarischer Gewährsmann, was der russische General hier erlebt haben mag. »Dann – wortlos: er kniete, schaute in den Himmel, atmete. Dann stöhnte er auf, ungehemmt, wie jegliche sterbende Kreatur des Waldes.« Wenn Sie diese Zeilen lesen, vielleicht direkt vor diesem Gedenkstein, spüren Sie das Rauschen der Bäume, jenen Augenblick, den nur Literatur zu beschreiben vermag.

Nach Samsonows Freitod folgte ein kurzes Kapitel deutsch-russischer Geschichte, das im rassistisch-ideologischen Weltenbrand dreißig Jahre später undenkbar gewesen wäre. Durch Vermittlung des Dänischen Roten Kreuzes erschien am 21. September 1915 die Witwe Samsonows mit einem Vertreter des Berliner Kriegsministeriums beim Ortelsburger Landrat Poser. Nachdem der Überführung des Leichnams zugestimmt worden war, kehrte Frau Samsonow am 9. November desselben Jahres nochmals nach Ostpreußen zurück, wo man die Grabstätte inzwischen würdig hergerichtet und mit einem orthodoxen Kreuz versehen hatte.

Nach der Exhumierung von Samsonows Leiche gab deutsches Militär dem feindlichen General ein feierliches Ehrengeleit zum Bahnhof in Ortelsburg, von wo aus er in die Familiengruft im heimatlichen Akimowka (ukrainisch Jakymiwka) in Cherson überführt wurde. Zum Andenken an den russischen Heerführer hatten preußische Forstbeamte einen Gedenkstein errichtet mit der Inschrift »General Samsonow, der Gegner Hindenburg's in der Schlacht bei Tannenberg. Gef. den 30.8.1914«. Dieser Gedenkstein hat die NS-Zeit ebenso überdauert wie die Volksrepublik Polen. Heute kündet der Stein, gepflegt von den polnischen Forstbehörden, davon, dass Masuren das einzige Schlachtfeld im Ersten Weltkrieg auf deutschem Boden war.

Historische Bilder zeigen den Hurrapatriotismus, der Deutschland erfasste, blumen- und girlandenumkränzte Waggons mit Aufschriften wie »Auf Wiedersehen in Paris«, aus denen junge Soldaten winkten. Ähnliche Bilder sind an der damaligen deutsch-russischen Grenze in Ostpreußen nicht überliefert, weil hier der Erste Weltkrieg unmittelbar vor der eigenen Haustür begann. Deutschland und das Zarenreich teilten eine mehr als 500 Kilometer lange gemeinsame Grenze, an der am 1. August die ersten Schüsse fielen. Wenige Tage später überschritten Kosakeneinheiten bei Groß Czymochen die Reichsgrenze.

Die nahe gelegene masurische Kreisstadt Marggrabowa war am 14. August die erste deutsche Stadt in russischer Hand. Russland plante die militärische Einkreisung Ostpreußens von zwei Seiten: von Osten mit der Njemen-Armee unter General Rennenkampff, von Süden die Narew-Armee des bereits erwähnten General Samsonow. Beide Armeen sollten sich später in Königsberg vereinigen. So weit der Plan, der für die russische Seite fast aufzugehen schien. Die deutschen Militärs ließen Ostpreußen schwach verteidigt zurück, weil sie alle Kräfte auf die westliche Front konzentrierten.

Da Ostpreußen weitgehend ungesichert war, hatten die russischen Truppen anfangs leichtes Spiel, große Teile der Provinz zu besetzen. Nach der Schlacht bei Gumbinnen am 20. August ordnete der deutsche General Prittwitz den Rückzug an. Deshalb kursierte in Ostpreußen das Gerücht, er habe die Provinz preisgegeben und lasse alle Truppen in Gebiete westlich der Weichsel überführen. Daraufhin entband Generalstabschef Moltke den glücklosen Prittwitz von seinen Aufgaben und schlug dem Kaiser die Ernennung von Hindenburg und Ludendorff vor. Sie sollten die Kriegswende im Osten bringen.

Bis Berlin machte der Name ostpreußischer Schlachten die Runde. Volkstümlich-patriotische Reime kursierten, wie der aus der Feder des Berliner Literaturkritikers Alfred Kerr: »Hunde dringen in das Haus/Peitscht sie raus!/Rächet Insterburg, Gumbinnen/Und vertobackt sie von hinnen … Dürfen uns nicht unterkriegen/Peitscht sie, daß die Lappen fliegen/Zarendreck, Barbarendreck/Peitscht sie weg! Peitscht sie weg!«

In Windeseile trafen die frisch ernannten Befehlshaber Hindenburg und Ludendorff in Ostpreußen ein, denn schon drohte neues Ungemach. Im südlichen Ostpreußen überschritt die Narew-Armee unter General Samsonow wiederum am 20. August in breiter Front die Grenze. Rasch versuchte die deutsche Seite, ihre wenigen Kräfte neu zu ordnen. Erste größere Kämpfe fanden am 23. August statt, die schließlich im Raum Hohenstein-Tannenberg ihren Höhepunkt fanden. Am 28. August hielten russische Truppen knapp zwei Drittel der Provinz besetzt. Während der unter dem Oberbegriff Schlacht von Tannenberg zusammengefassten Kriegsereignisse vom 26. bis 30. August gelang Hindenburg die Umzingelung der Armee Samsonows. Binnen weniger Tage war die russische Narew-Armee vernichtend geschlagen, das westliche Masuren von russischer Besatzung befreit. Das war der Moment, als am 30. August 1914 General Samsonow in den masurischen Wäldern bei Karolinenhof seinem Leben freiwillig ein Ende setzte.

Nach Beendigung der Kampfhandlungen richtete Hindenburg sein Augenmerk auf die Befreiung der übrigen Provinz. Als Folge der Schlacht an den Masurischen Seen gelang es den deutschen Truppen, mit ihrem Sieg über die Rennenkampff-Armee ganz Ostpreußen von russischer Besatzung zu befreien. Doch kaum kamen die Menschen zum Aufatmen, ereignete sich wie im August noch einmal derselbe Fehler: Die deutschen Truppen – siegesgewiss nach der Befreiung – ließen die Provinz abermals ohne ausreichenden Schutz zurück. Daher gelang es Rennenkampff mit den Resten seiner Njemen-Armee erneut, im Oktober 1914 in die Provinz einzudringen. Ein dritter Einmarsch erfolgte, diesmal unter General Sievers, im November 1914.

Östlich der Feste Boyen bei Lötzen fand zum ersten Mal während der Kämpfe an den östlichen Fronten ein Stellungskrieg statt. Während der Masurischen Winterschlacht (Februar 1915) gelang Hindenburg zum zweiten Mal die Befreiung von russischen Truppen, Ende März 1915 war Ostpreußen wieder in deutscher Hand. Der mörderische Krieg vor der Haustür ließ bei der Bevölkerung kaum Siegesgeschrei aufkommen. Zu sehr war vor allem Masuren vom Krieg in Mitleidenschaft gezogen worden, der eine Landschaft in Trümmern hinterließ.

Bis zu 800 000 Ostpreußen waren damals auf der Flucht. Sie mussten ihre Heimat verlassen, ohne zu wissen, ob eine Rückkehr je möglich sein würde. Gerüchte und Hysterie verbreiteten schon im August 1914 eine Massenpanik, denen die deutschen Behörden kaum etwas entgegenzusetzen hatten. Für die Gesamtprovinz belief sich der Schaden auf 1,5 Milliarden Mark. 1500 Zivilisten waren der russischen Besatzung zum Opfer gefallen, 13 000 Menschen nach Russland verschleppt. Dramatische Auswirkungen zeigte der Pferde- und Viehverlust, der die Versorgungslage ernsthaft gefährdete.

Trotz Kriegsschadenshilfe gelang es dem Staat nicht, alle Notstände zu beseitigen, weshalb ein flächendeckendes Solidaritätsnetz im ganzen Reich Abhilfe schaffen sollte. Noch während des Krieges entstanden Patenschaften deutscher und österreichischer Kommunen mit Landkreisen im zerstörten Ostpreußen. Die Ostpreußenhilfe koordinierte von ihrer Berliner Geschäftsstelle aus Kriegspatenschaften und Spendenaktionen. Beispielsweise übernahmen der Regierungsbezirk Köln und die Stadt Köln die Patenschaft für Neidenburg, Frankfurt für Lötzen, Charlottenburg für Soldau und Wien für Ortelsburg. Millionenbeträge an Spenden kamen zusammen, die gemeinsam mit staatlicher Hilfe die Verbundenheit zwischen Ostpreußen und dem übrigen Deutschland stärkten.

Anders als in Polen die mittelalterliche Schlacht von Grunwald, war Tannenberg erst seit jenen Augusttagen 1914 jedem Deutschen ein Begriff. Da kam Kaiser Wilhelm gerade recht, dass das Vaterland nach der Niederlage an der Marne für die gebeutelte deutsche Seele dringend einen Helden suchte. Hindenburg schien dafür bestens geeignet. Auch nach der Abdankung der Hohenzollern wirkte der Hindenburg-Mythos – von der nationalistischen Rechten instrumentalisiert – auf fatale Weise weiter. Hindenburg galt als Ersatzmonarch und »Retter Ostpreußens«. Mit diesem Kult gelang es den rechten Feinden der Demokratie, die Abneigung gegen die Weimarer Republik innenpolitisch dauerhaft zu verfestigen.

An der Grundsteinlegung des monumentalen Tannenberg-Denkmals zehn Jahre nach der Schlacht, am 31. August 1924, nahm der pensionierte General Hindenburg teil. Das zentrale Nationaldenkmal für das deutsche Heer sollte an die ruhmreiche Schlacht erinnern. Geschickt nutzte auch die NS-Propaganda Tannenberg für ihre Zwecke. Als der greise, nunmehr zum zweiten Mal gewählte Reichspräsident Hindenburg im August 1934 starb, zelebrierten die Nazis in Tannenberg eine bombastische Trauerfeier.

Ostpreußen stieg endgültig zu einem nationalen Mythos auf, dessen Weihe auf den Schlachtfeldern von Stallupönen, Gumbinnen, Tannenberg sowie an den Masurischen Seen erfolgt war. Noch während der Kriegsjahre florierte eine populäre Kriegs- und Erinnerungsliteratur, die Ostpreußens Schicksalsjahr 1914 in ungezählte patriotische Verse, Reime und Lieder formte. So etwa das Gedicht *Masuren* aus der Satirezeitschrift *Kladderadatsch* von Paul Warncke.

Nur zu! Nur immerzu herein!
Wir heizen ein, wir heizen euch ein.
Zum heizen ja gehört der Ruß',
Ganz wie es muß.
Da sprach der General Hindenburg:

»Nun feste, Kinder! Drauf und durch!
Fegt mir die deutschen Fluren!«
Da ging's ans Fegen und ans Mähen –
Hei, wie's die deutschen Jungs verstehn! –
An den blauen Seen,
Den Seen von Masuren!

Für Ostpreußen bestand ein großer Unterschied zum übrigen Deutschland: Hier befanden sich die Soldatenfriedhöfe direkt vor Ort. Das sollte nicht ohne Folgen bleiben, denn die gemeinsamen Erfahrungen des Ersten Weltkriegs ließen diesen Teil Preußens, obwohl er erst seit 1871 dazugehörte, endgültig Teil der deutschen Nation werden.

Während des Krieges entstanden viele sogenannte Heldenfriedhöfe, auf denen Russen und Deutsche gemeinsam ihre letzte Ruhe fanden. In der Nähe von Arys erinnert eine solche Grabanlage daran mit dem Spruch »Freund und Feind, im Tod vereint«. Entlang Ihrer Touren durch Masuren werden Sie häufig Ehrenmäler und Friedhöfe aus dem Ersten Weltkrieg finden, in deutscher Sprache, denn die Region ist, ähnlich wie Belgien oder Nordfrankreich, ein riesiger Soldatenfriedhof.

Da sich Grenzen und staatliche Zugehörigkeiten ebenso verschoben haben, wie es die Reiche der ehemaligen Kriegsgegner – das kaiserliche Deutschland und die Armee des russischen Zaren – nicht mehr gibt, verblasste die Erinnerung an die schrecklichen Schlachten. Heute stehen die instand gesetzten Soldatenfriedhöfe wieder als Monumente gegen Krieg und Hass. General Samsonow, der einsam in diesen Wäldern starb, ist eine ferne Mahnung an den Wahnwitz von Kriegen.

Fluchtgeschichten

Überall stehen alte Häuser mit roten Dachziegeln, meistens umgeben von Ställen und Scheunen. Ihre Fundamente hat man häufig aus alten Feldsteinen errichtet, von denen es viele gab, denn die letzte Eiszeit machte Masuren steinreich. Bei der Feldarbeit sammelte man die Steine auf großen Haufen zusammen, um sie später beim Haus- und Straßenbau zu verwenden.

Hinter den Häuserfassaden finden sich viele Geschichten, oft verborgen vor der Außenwelt. Es sind meistens dramatische, die von einer jähen Unterbrechung erzählen, von Verlust und Neuanfang. In dieser Landschaft wurde schließlich auch das Wissen um die Vergangenheit gekappt, sodass heutige Eigentümer selten etwas über die Baugeschichte ihrer Häuser sagen können oder über deren frühere Besitzer. Jedes ältere Haus in Masuren trägt also zwei Geschichten in sich: die der alten und die der neuen Bewohner.

An dieser Stelle möchte ich Ihnen zwei solcher Fluchtgeschichten erzählen. Die erste handelt von einer masurischen Familie, die 1945 ihre Heimat für immer verlassen musste, die zweite von einer polnischen Familie, die ihr Zuhause im heutigen Litauen verloren hatte, um 1946 in Masuren anzukommen. Zwei Familienbiografien, die stellvertretend für die bewegte Geschichte Masurens stehen.

Am frühen Morgen des 21. Januar 1945 brach Friedrich Biella mit seiner Familie auf zwei Pferdefuhrwerken aus dem kleinen Dorf Rohmanen im westlichen Masuren auf. In seinem Notizbuch steht für diesen Tag der knappe Eintrag »Befehl zum Verlassen meines Hofes«. Der siebzigjährige Bauer musste alles aufgeben, was gestern noch wichtig war: Land und Hof, Einrichtung und Erinnerungen – und auch die Tiere. »Unsere Hündin Senta hat uns ein Stück Weges begleitet. Je weiter wir uns vom Dorf entfernten, wurde sie immer unsicherer. Sie ist dann schließlich auf unser Anraten wieder nach Haus gelaufen.«

Friedrich stammte aus einer Bauernfamilie. In den Neunzigerjahren des 19. Jahrhunderts hatte er als Rekrut beim 2. Garde-Regiment zu Fuß in Berlin-Lichterfelde gedient. In dieser Zeit entdeckte er die Großstadt. Eigentlich – so weiß die Familienüberlieferung zu berichten – wollte er nur ungern den Hof übernehmen, war mehr Denker und Schreiber als Bauer. Als einziger Sohn fühlte er sich jedoch seinen Eltern gegenüber dazu verpflichtet. Er war also zurückgekehrt und hatte Luise geheiratet, ein Mädchen aus dem Nachbardorf. Gemeinsam hatten sie sechs Kinder – drei Mädchen und drei Jungen. Bei der Flucht 1945 waren die Kinder alle längst verheiratet und beide stolze Großeltern von 13 Enkelkindern.

Gemeinsam mit seiner Frau Luise verließ Friedrich sein Heimatdorf. Es war nicht das erste Mal, dass die Familie fliehen musste. Als die russische Armee im August 1914 große Teile Ostpreußens erobert hatte, waren Hunderttausende Ostpreußen schon damals gen Westen geflohen, unter ihnen auch die Biellas. Als die Familie 1915 zurückkehrte, musste sie von vorn anfangen. Für sie alle galt Hindenburg als Retter Ostpreußens, weil er die Provinz zurückerobern konnte und damit den Flüchtlingen ihre Rückkehr ermöglichte.

Neue Anfechtungen erwarteten die gebeutelte Bevölkerung unmittelbar nach Kriegsende. Gerüchte und Befürchtungen machten die Runde, Masuren solle polnisch werden. Mit einem überwältigenden Votum für einen Verbleib bei Deutschland wies die masurische Bevölkerung polnische Ansprüche zurück. Doch Ruhe stellte sich kaum ein. Die Weimarer Jahre blieben Krisenjahre. Ostpreußen erlebte in besonderer Weise politische Konflikte, vor allem war die bäuerlich geprägte Provinz von der Agrarkrise betroffen. Schließlich suchten viele Menschen Rettung bei Adolf Hitler. 1933 hielt der Staatsterror auch im ländlichen Masuren Einzug, von ostpreußischem Boden aus überfiel Deutschland am 1. September 1939 seinen alten Nachbarn Polen.

Im Sommer 1944 gelangten sowjetische Truppen in Ostpreußen erstmals auf deutsches Reichsgebiet. Damit kam der Krieg, der vom nationalsozialistischen Deutschland ausging und Besatzungsherrschaft, Terror und Massenmord über den ganzen Kontinent brachte, nach Deutschland zurück. Die sowjetische Großoffensive Mitte Januar 1945 griff die Provinz von mehreren Seiten an. Das betraf auch den Kreis Ortelsburg, die Heimat der Familie

Biella, der direkt an der polnischen Grenze lag. Sowjetische Truppen überschritten von Süden die deutsche Grenze. Die Front verlief in unmittelbarer Nähe, Geschützdonner war überall zu hören. Schweren Herzens entschloss sich die Familie zur Flucht, um ihr Leben zu retten.

An diesem 21. Januar zeigte das Thermometer mehr als zwanzig Grad Frost. Nach dem Aufstehen – noch vor dem Frühstück – versorgten die Bauern zuerst ihr Vieh. So war es auch bei Friedrich. Vor Tagesanbruch ging er in die Ställe, fütterte seine Kühe, Schweine, Schafe und Rinder. Doch an diesem Tag passierte etwas Außergewöhnliches: Er band sie los und sperrte die Stalltüren weit auf. Ab jetzt waren seine jahrein, jahraus gehegten Tiere sich selbst überlassen und irrten durch die masurische Winterlandschaft. Allein die Pferde nahmen sie mit, weil sie für ihre Flucht unentbehrlich waren.

Mit Friedrich Biella flüchteten seine Frau, seine Tochter, seine Schwiegertochter und zwei kleine Enkelinnen, mit einem Pferdefuhrwerk, das sie provisorisch mit ein paar Habseligkeiten beluden. Das zweite Gespann führte der französische Kriegsgefangene Pierre, der seit 1940 Teil der Familie war und sie auf der gesamten Flucht begleiten würde. Über einen Wagen spannten sie einen Teppich, worunter die Familie sich vor Witterung und Kälte zu schützen versuchte. Zusätzlich packten sie zwei Holzkisten mit Einmachgläsern ein. Doch diese erwiesen sich als viel zu schwer. Zudem mussten sie ausreichend Futter für die fünf Pferde mitführen.

Was dieser Moment des Abschieds für ihn bedeutete, hat Friedrich Biella seinem Notizbuch nicht anvertraut. Nachdem ihr Hund Senta nach Hause zurückgekehrt war, setzten sie ihre Flucht auf der Chaussee nach Norden fort. »Die Menschen überall auf der Flucht«, notierte er wenige Tage später. Er rang um Worte, um das Unvorstellbare zu beschreiben. »Auf die Flucht gehen« – hinter dieser Wendung verbirgt sich ein ungeheuerlicher Vorgang, der das gewöhnliche Vorstellungsvermögen sprengt. Die Fantasie reicht nicht aus, sich vorzustellen, wie es ist, alles zu verlieren. Im Augenblick des Aufbruchs macht sich dennoch kaum jemand klar, dass die Flucht ein Abschied für immer sein könnte.

Auf der Chaussee von Ortelsburg nach Bischofsburg begegneten den Biellas andere Flüchtlinge, Militärkolonnen, Zivilisten, Zwangsarbeiter, Kriegsgefangene. »Schon die erste Etappe unseres Weges war sehr gefährlich. Die Straße war zum Teil spiegelglatt. Die Pferde rutschten und der Wagen auch«, erinnerte sich Schwiegertochter Erna später. »Ich ging fast immer zu Fuß und konnte mich nicht auf den Beinen halten.« Sie kamen in ein Dorf im Kreis Bischofsburg. Dort trafen sie eine folgenreiche Entscheidung: Friedrich und Luise entschlossen sich zur Rückkehr. Sie scheuten in ihrem Alter die Strapazen einer erneuten Flucht, während die anderen Familienmitglieder Richtung Frisches Haff weiterzogen.

Doch entgegen ihrer Absicht konnten Friedrich und Luise nicht nach Hause zurückkehren. Entweder ließ sie das Militär nicht mehr passieren, oder die wenigen Straßen waren verstopft. Das ist nicht überliefert. Deshalb setzten auch sie ihre Flucht fort. Gemeinsam mit Pierre gelangten sie nahe Braunsberg an das zugefrorene Frische Haff, das nach der Einkesselung Ostpreußens einzige Nadelöhr in Richtung Westen. Das Eis war häufig brüchig, um sie herum versanken Menschen und Pferde, ganze Gespanne. Zudem beschossen Tiefflieger das Eis. Da es nur mühsam voranging, mussten sie auf dem Eis übernachten. Weiter fuhren sie Richtung Frische Nehrung, der Landzunge, die eine Verbindung nach Westen ermöglichte. Auf der Nehrung flohen sie über Weichsel, Hinterpommern und Oder nach Mecklenburg. Weil die Anstrengungen alle Kräfte banden, setzte Friedrich Biella seine Aufzeichnungen erst im April 1945 fort, als er im Herzogtum Lauenburg strandete. Es war der 7. April. Wie durch ein Wunder hatten sie den weiten Weg monatelang gemeistert und mitsamt ihren fünf Pferden fast 1000 Kilometer zurückgelegt.

Nach Kriegsende fragte der Bauer Woche für Woche bei der britischen Militärkommandantur nach, wann er zurückkehren könne. Dort vertröstete man den alten Mann. Am 16. Juni 1945 schrieb er, man habe ihm in Dargow beim Kommandanten bedeutet, er solle »mit der Rückkehr noch abwarten«. Sein Leben in der Britischen Zone, zwangseinquartiert bei fremden Menschen, ertrug der Bauer nur schwer. Zudem wussten die beiden Alten nichts über den Verbleib ihrer Kinder und Enkelkinder.

Friedrich entwarf in seinem Notizbuch eine Suchanzeige: »Der Bauer Friedrich Biella, 71 Jahre alt u. seine Ehefrau Luise Biella 63 Jahre alt befinden sich in Bresahn b. Ratzeburg Lauenburg und suchen ihre abhanden gekommenen Kinder.« Hinter solchen Zeilen verbergen sich die Dramen der Flucht. Wo waren die Angehörigen, die man aus den Augen verloren hatte? Hunderttausende Zivilisten kamen auf der Flucht durch Hunger oder bei Gewaltakten um, andere wurden zur Zwangsarbeit in die

Sowjetunion deportiert. Millionen Familienangehörige wussten nichts vom Verbleib der anderen.

Als Erstes fanden die Biellas ihren Sohn Otto wieder, der am 6. März 1946 bei seinen Eltern eintraf, nachdem er aus sowjetischer Kriegsgefangenschaft in Sibirien entlassen worden war. Schließlich fand er über das Rote Kreuz heraus, dass auch seine Frau und die beiden kleinen Töchter die Flucht überlebt hatten, und besuchte sie in Nordfriesland, wo diese gestrandet waren. »Die Freude war nicht in Worte zu fassen«, erinnerte sich seine Frau rückblickend an das Wiedersehen. »Wir hatten uns gefunden, wir lebten, und das war die Hauptsache!«

Am Ende des Zweiten Weltkriegs waren Millionen Deutsche aus den Ostprovinzen Ost- und Westpreußen, Schlesien, Pommern und Ostbrandenburg auf der Flucht vor der vorrückenden sowjetischen Armee. Weitere Millionen, die zu Hause blieben oder auf dem Fluchtweg nicht weiterkamen, wurden später auf der Grundlage der Beschlüsse der Potsdamer Konferenz im Sommer 1945 vertrieben oder zwangsweise ausgesiedelt. Als Folge erlebten die Besatzungszonen eine gigantische »Flüchtlingswelle«. Mecklenburg, Vorpommern, Schleswig-Holstein, Niedersachsen und Bayern waren am meisten betroffen, wo mancherorts die entwurzelten Deutschen die Hälfte der Bevölkerung stellten. Allein die Anordnungen der Siegermächte verhinderten vielerorts offenen Widerstand gegen Zwangseinweisungen von »Pollacken«, »Zigeunern« und »Rucksackdeutschen«, wie die Flüchtlinge verächtlich genannt wurden. Im Westen hatte niemand auf die 14 Millionen Landsleute gewartet, geschweige denn die willkommen geheißen, die für die Menschheitsverbrechen in deutschem Namen mit dem Verlust ihrer Heimat bezahlen mussten.

Friedrich Biella hielt an seinen Pferden fest. Was war ein Bauer ohne seine Pferde, sie allein – so sein Denken – ermöglichten ihm die Rückkehr in die Heimat. Jeden Tag musste er sich deshalb nicht nur um seine Familie sorgen, sondern zusätzlich galt es, fünf Pferde zu verpflegen und unterzubringen. Dafür verdingte er sich bei einheimischen Bauern, um mit Spanndiensten Feldarbeiten zu erledigen. Im Gegenzug gewährten die Bauern ihm – dem einstigen stolzen Besitzer von vierzig Hektar Ackerland – kostenlos Unterkunft und Futter für die Tiere. Dann kehrte der alte Mann in seine Kammer in einem alten Stall zurück, wo er mit seiner Frau Obdach gefunden hatte.

Im Dezember 1946 stand das zweite Weihnachtsfest in der Fremde vor der Tür. Friedrich und Luise sorgten sich um Kinder und Enkelkinder, die sie zwischenzeitlich ausfindig machen konnten und die verstreut über die Besatzungszonen lebten. Friedrich schrieb am 21. Dezember 1946 an seine jüngste Tochter Lotte, die mit ihren vier kleinen Kindern im Raum Hannover eine Unterkunft gefunden hatte: »Meine lieben Kinder alle! Ich will Euch auch einmal einen kleinen Brief aus unserem Asyl schreiben. Wie lange dieser Zustand noch dauern wird, wissen wir alle nicht.«

Im folgenden Jahr schwanden Friedrichs Kräfte. Er starb 1948 in seinem Asyl, wie er es selbst nannte. Anders als 1914 gab es für ihn kein Zurück mehr. Durch die Beschlüsse der Potsdamer Konferenz im Sommer 1945 war aus dem Flüchtling Friedrich Biella, der so sehr auf eine Rückkehr in die Heimat gehofft hatte, ein heimatloser Vertriebener geworden.

Friedrich Biella war mein Urgroßvater. Lange Zeit bewahrte ich das kleine Notizbüchlein auf, das er bei seiner Flucht mit sich geführt hatte. Nachdem meine Großeltern verstorben waren, gelangte es irgendwann in meine Hände. Ich habe diesen Mann nie kennengelernt. Vor mir liegt dieses Notizbüchlein, und ich versuche, mir vorzustellen, was dieser Abschied von seinem geliebten Masuren für ihn bedeutete. Mir ist es wichtig, auch davon zu erzählen, denn viele von uns, ob Polen, Deutsche, Griechen, Finnen oder Armenier, haben eine ähnliche Familiengeschichte. Sie steckt in Millionen europäischer Familienbiografien. Mittlerweile hat Putins Russland ein neues Kapitel der Flucht geschrieben. Millionen Ukrainer fliehen oder werden vertrieben, viele von ihnen haben in Polen Aufnahme gefunden.

Masurische Geschichten, das sind Erzählungen vom Weggehen und vom Ankommen, beides unter Zwang. In Polen lernte ich zahlreiche Familien kennen, die einst im alten Osten zu Hause waren; sie erzählten mir von ihrer alten Heimat im heutigen Litauen, Weißrussland oder der Ukraine. Bei manchen schnappte ich noch jene herrlich singende Sprachmelodie auf, die für die Kresowiacy, wie sie in Polen genannt wurden, charakteristisch waren. Viele verschlug es in die Nord- und Westgebiete, wie die einst deutschen Ostprovinzen im Nachkriegspolen hießen.

»Jetzt liegt das Städtchen in Trümmern, das Land weit und breit verödet, die herrlichen Gutshäuser zum größten Teil in Schutt und Asche«, beschreibt Hans Graf von Lehndorff die Stadt Rosenberg im August 1946. Der deutsche Arzt verblieb im sowjetisch besetzten Ostpreußen und führte Tagebuch. »Um den zerstörten Stadtkern herum haben sich etwa zwölfhundert Polen in den noch vorhandenen Wohnungen angesiedelt, aber die wenigsten scheinen schon sesshaft geworden zu sein. Die Mehrzahl von ihnen ist in ständiger Unruhe; und der Zug, der ein- oder zweimal täglich die Bahnstrecke befährt, ist vollgestopft mit Abenteurern, die kommen und gehen, weil sie noch keine feste Bleibe gefunden haben oder nach besseren Möglichkeiten Ausschau halten wollen. [...] Allen gemeinsam ist nur, dass sie wurzellos geworden sind, sonst kämen sie wohl nicht freiwillig hierher, in ein Land, das wüst liegt und zu dem sie keinerlei Beziehung haben.« Obwohl heute diese Beschreibung etwas seltsam erscheint, vermittelt sie einen Eindruck von der Tragödie Polens nach sechs Jahren Besatzungs- und Vernichtungspolitik. Millionen Polen hatten 1945 alles verloren, zudem fanden sie sich in einem neuen Land wieder, mit neuen Grenzen, das vielen von ihnen völlig fremd war.

Hunderttausende Heimatlose kamen nach Ostpreußen, zu dem sie keinerlei emotionale Beziehungen hatten. Zudem war es das Land der Feinde von gestern, das ihnen die offizielle Propaganda nun als »urpolnische Gebiete« verkaufte, als »wiedergewonnene Gebiete«, die nach Polen »zurückgekehrt« seien. Schnell mussten die Neusiedler feststellen, dass die ideologische Beschallung nichts mit der Wirklichkeit zu tun hatte, vielmehr entsprach ihre Ankunft einer »Reise ins Ungewisse« – »Podróż w nieznane« – wie die Zeitung *Gazeta Olsztyńska* zum sechzigsten Jahrestag des sowjetischen Einmarschs in Ostpreußen titelte.

Als im Februar 1945 mit dem Aufbau einer polnischen Zivilverwaltung begonnen wurde, lag die Zukunft der neuen Territorien vollständig im Unklaren. Noch hatten sowjetische Truppen das Sagen. Anarchische Zustände führten zu Gewalt gegen die verbliebene deutsche Zivilbevölkerung, Plünderungen und Verschleppungen waren an der Tagesordnung. Den polnischen Behörden bot sich eine trostlose Ausgangslage, die die Zukunft wenig hoffnungsvoll erscheinen ließ. Es fehlte an allem, um eine effiziente Verwaltung aufzubauen und die Versorgung der Bevölkerung zu gewährleisten.

Die nüchterne Statistik zeichnet 1950 folgendes demografisches Bild von der Wojewodschaft Allenstein: Von den 689 000 Einwohnern stammten 24,8 Prozent aus Zentralpolen, 10 Prozent aus den übrigen altpolnischen Wojewodschaften sowie 22,6 Prozent der Vertriebenen aus den polnischen Ostgebieten. Die verbliebene deutsche Bevölkerung machte 18,5 Prozent aus. Auf 10 Prozent kamen die Ukrainer, die 1947 bei der »Aktion Weichsel« von der polnischen Armee aus Südostpolen hierher deportiert worden waren.

Nach Kriegsende sahen sich viele Polen, die für ein unabhängiges und freies Polen gekämpft hatten, betrogen. Das Land war erneut zum Spielball fremder Mächte geworden. Seine Grenzen wurden zwar auf Kosten Deutschlands verschoben, aber am Ende zahlte Polen einen hohen Preis. Der Sieger stand bereits fest: Josef Stalin. Er diktierte den anderen Siegermächten seine Neuordnung im östlichen Europa, als deren Folge die polnischen Ostgebiete an die Sowjetunion fielen. Damit war das Schicksal von Millionen Polen besiegelt, die gerade erst deutscher und sowjetischer Besatzung entkommen waren. Auf einen Schlag verloren 1,6 Millionen Polen ihre Heimat.

Zu ihnen gehörten Julian und Janina Kurowski. Ihr Zuhause lag im Dorf Maluny im Kirchspiel Dukszty Pijarskie, das heute Teil Litauens ist und Moliūnai heißt. Dort fließt die Wilia, auf Litauisch Neris, die im Norden Weißrusslands entspringt. Ihre alte Heimat war in vielem der Landschaft Masurens nicht unähnlich, geprägt von Wäldern und Seen, eingebettet in eine hügelige Landschaft.

Als gläubige Katholiken und patriotische Polen lebte die Familie in Landstrichen, die immer schon ethnisch gemischt waren. Neben Polen waren hier Litauer, Weißrussen und Juden zu Hause. Bis zum 18. Jahrhundert gehörte die Region zur alten Adelsrepublik Polen-Litauen. Als die drei Teilungsmächte Polen von der Landkarte Europas verschwinden ließen, fiel das Wilnaer Land – polnisch Wileńszczyzna – in das russische Teilungsgebiet, wo es bis zum Ersten Weltkrieg verbleiben sollte.

Wie viele Menschen hier fühlten die Kurowskis polnisch und sehnten sich nach der Wiederherstellung der Unabhängigkeit. 1918 erfüllte sich endlich ihr Traum. Die neue Republik Polen gab Anlass zur Hoffnung, zugleich erschwerten historische Hypotheken den Aufbau des Landes. Minderheiten fühlten sich übergangen und vom Nationsbildungsprozess ausgeschlossen. Um Wilna wurde ebenfalls gekämpft, das Litauen als seine rechtmäßige Hauptstadt beanspruchte. In der Folge des polnischen Sieges über Sowjetrussland 1920 gelangte das Wilnaer Land an Polen, das seine Grenzen erheblich nach Osten ausdehnen konnte.

Seit Generationen war die Familie Kurowski an der Wilia zu Hause. Janina und Julian entstammten Bauernfamilien. 1937 gaben sie sich das Jawort in der Pfarrkirche von Dukstzy Pijarskie. In Maluny bewirtschafteten sie einen zwanzig Hektar großen Hof und schmiedeten mit ihrer wachsenden Familie Zukunftspläne. Diese jedoch wurden schon bald durch den Zweiten Weltkrieg zerschlagen.

Vom ersten Kriegstag an sollte sich das Wilnaer Land verändern. Auf Grundlage des Hitler-Stalin-Pakts vom August 1939 teilten NS-Deutschland und die Sowjetunion Polen unter sich auf. Für Polen bedeutete es die vierte Teilung. Die Kurowskis mussten erleben, wie sowjetische Truppen ihre Heimat besetzten, der eine brutale Sowjetisierungskampagne folgte, die sich besonders gegen ethnische Polen richtete. Fast zwei Jahre lebte die Familie unter sowjetischer Herrschaft, bis am 22. Juni 1941 die Deutschen ihren Bündnispartner Sowjetunion überfielen und auch Maluny besetzten.

Ihre Terrorpolitik ging vor der Haustür weiter. Gettos, wie etwa im nahe gelegenen Wilna, machten das Wilnaer Land zu einem Schauplatz für die Ermordung der europäischen Juden. Zugleich kämpften Widerstandsgruppen – sowjetische, litauische, polnische und jüdische – gegen die deutsche Besatzung, oftmals jedoch auch gegeneinander. Teile der Bevölkerung kollaborierten mit den Besatzern. Spätestens mit der Niederlage von Stalingrad wendete sich das Blatt. Auf ihrem langen Rückzug hinterließen die Deutschen »verbrannte Erde«.

Der Krieg dauerte bereits fünf Jahre, als sich im Sommer 1944 Familie Kurowski erneut unter sowjetischer Herrschaft wiederfand. Befreit fühlten sie sich jedoch nicht. Als Bauern mit eigenem Land, zumal als Polen, galten sie in der sowjetischen Ideologie als national und sozial unzuverlässig, weshalb ihnen Enteignung oder Verbannung nach Sibirien drohte. Zu diesem Zeitpunkt kämpfte Julian Kurowski als Unteroffizier in der polnischen Armee, bis Kriegsende im Großraum Berlin: Dem mehrfach ausgezeichneten Kriegsteilnehmer verlieh der Präsident der Republik Polen den Ehrentitel »Veteran im Kampf für die Freiheit und Unabhängigkeit des Vaterlandes«.

Zum Glück hatte die Kernfamilie Krieg und Besatzung überlebt, doch der Sieg – anders als ihnen die kommunistische Propaganda weismachen wollte – blieb für Polen ein bitterer. Von Stalins Gnaden errichtete das Lubliner Komitee 1944 ein kommunistisches Regime. Millionen Polen, die vor allem in der Heimatarmee (Armia Krajowa) gegen Unterdrückung, Besatzung und Vernichtung gekämpft hatten, sahen sich verraten. Stalins Plan ging auf, als Polen nach Westen verschoben und für den Verlust seiner Gebiete um Wilna und Lemberg mit den deutschen Ostprovinzen entschädigt wurde.

Ernüchtert von diesem bitteren Sieg, kehrte Julian Kurowski am 19. März 1946 zu seinen Lieben nach Hause zurück. Während seiner Abwesenheit hatte seine Frau Janina Kinder und Hof in schwierigsten Zeiten versorgt. 1946 mussten sie ihre angestammte Heimat Richtung Polen verlassen. Nach kommunistischer Lesart hießen sie »Repatrianten«, was bedeuten sollte, dass sie freiwillig in ihre Heimat »zurückgekehrt« seien. Davon konnte jedoch keine Rede sein. Vielmehr verschoben sich nationale Grenzen über ihren Kopf hinweg, sodass sie gegen ihren Willen zu Fremden geworden waren. Flüchtlinge waren sie, am Ende Vertriebene. Im Winter 1946 trafen Janina und Julian mit ihren drei kleinen Kindern Anna, Mieczysław und Józef in einem Viehwaggon mit wenigen Habseligkeiten in Masuren ein.

Nach ihrer Ankunft teilten ihnen die Behörden einen von den deutschen Bewohnern verlassenen Bauernhof in der Nähe von Widminnen zu. Die Kurowskis mussten ganz von vorn beginnen. Langsam jedoch richtete sich die Bauernfamilie in den neuen Verhältnissen ein. Kurze Zeit später zogen erneut dunkle Wolken auf. Der kommunistische Staat – ganz der stalinistischen Doktrin verschrieben – zwang die freien Bauern zur Verstaatlichung. Der Druck zur Zwangskollektivierung wurde immer stärker. Janina und Julian resignierten. Schweren Herzens entschlossen sie sich, ihr Leben als Bauern endgültig aufzugeben. Sie zogen nach Bartenstein, wo sie wieder von vorn anfangen mussten.

Julian sicherte der Familie lange Jahre mit einem bescheidenen Fuhrbetrieb samt eigenem Pferd das Überleben. Für die mittlerweile sechsköpfige Familie war es schwer, eine Bleibe zu finden. 1953 vervollständigte Sohn Henryk die Kinderschar. Schließlich erhielt die Familie 1955 ihre erste eigene Wohnung, in der Janina und Julian dreißig Jahre lang leben sollten. In ihrem großen Schrebergarten schufen sie sich, die in ihrer alten Heimat Bauern gewesen waren, ihr kleines Ersatzparadies.

Bis zu ihrem Tod lebten sie im einst ostpreußischen Bartenstein zwischen beiden Welten. Wenn sie sprachen, klang die singende Melodie des Wilnaer Polnisch durch, erinnert sich ihr Sohn Józef: »Meine Eltern, obwohl sie den größten Teil ihres Lebens in Barten verbrachten, hörten nie auf, mit ihrem Herzen und ihrer Seele, mit all ihrem Dasein Kinder ihres geliebten Wilnaer Landes zu sein.«

Im Juni 1970 besuchte Józef Kurowski mit seiner Mutter Janina erstmals die alte Heimat. In der Kirche von

Dukszty Pijarskie beteten sie gemeinsam und suchten schließlich die Felder ihres früheren Hofes auf. Dort sammelte Józef einen Blumenstrauß aus weißer und gelber Kamille, Kornblumen und Ackerrittersporn, den er trocknete. Als seine Mutter Janina 2004 starb, gab ihr die Familie den getrockneten Feldblumenstrauß aus dem heimatlichen Maluny mit ins Grab. Zwei Jahre später starb auch Julian. Ihren Grabstein im einst ostpreußischen Bartenstein ziert ein Antlitz der Muttergottes von Wilna, der Matka Boska Ostrobramska – eine besondere Verbindung zu ihrem Glauben wie auch zu ihrer alten Heimat am Flüsschen Wilia.

Von Julian und Janina hörte ich oft, habe sie jedoch leider nie persönlich kennenlernen können. Sie waren die Großeltern meiner Freundinnen Kornelia und Agnieszka. Als sie mir von ihnen erzählten, erinnerten sie mich an meine eigenen Großeltern aus Masuren. Auch mein Großvater, der einstige Bauer, als Flüchtling ohne Land, liebte seine Gartenparzelle über alle Maßen, hegte und pflegte sein Obst und Gemüse mit großer Liebe. Sein Garten verkörperte für ihn ein Stück heile Welt.

Genau erinnere ich mich an den Tag, als ich erstmals bei Kornelia, Agnieszka und deren Eltern zu Gast war. Im Flur ihrer Allensteiner Wohnung hing ein Bild der Altstadt von Wilna, wie die gerahmte Schwarz-Weiß-Fotografie im Wohnzimmer meiner Großeltern. Für die Kurowskis bedeutete das Bild gleichfalls eine Brücke in die Vergangenheit. An diesen Markierungen tragen Flüchtlinge oft ein Leben lang, zumal ihre physische Ankunft am Bestimmungsort noch nicht bedeuten muss, dass sie wirklich angekommen sind. Und so schob und schiebt sich bei vielen von ihnen die verlorene Heimat immer wieder machtvoll ins Bewusstsein. Bei den Kurowskis war es nicht anders, deren Geschichte stellvertretend für die vieler polnischer Familien steht.

Schalke 04 oder Der masurische Ruhrpott

Je nachdem wie alt Sie sind, kennen Sie vielleicht noch den wunderbaren Sound des ostpreußischen Dialekts. Früher war er überall in Deutschland zu hören. Das Ostpreußische zählte zur deutschen Dialektgeografie genauso wie Kölsch, Bayerisch, Schwäbisch, Sächsisch oder Schlesisch. Der westdeutsche Showmaster und Kabarettist Peter Frankenfeld, dessen Samstagabendshows sich über Jahrzehnte als Straßenfeger erwiesen, griff die Vielfalt deutscher Dialekte in seinem berühmten Wettersketch auf. In seiner Sendung *Peters Bastelstunde* persiflierte Frankenfeld 1973 neun deutsche Dialekte anhand einer Wetterkarte, die die Grenzen Deutschlands von 1937 zeigte. Bis heute zählt dieser Beitrag – vor allem dank des Internets – zu einem der beliebtesten Mundartsketche der deutschen Sprache.

In einem Land, in dem Millionen Schlesier und Ostpreußen als Flüchtlinge und Vertriebene lebten, konnte das nicht überraschen. Heute würde wohl kaum jemand

Ostpreußisch überhaupt noch erkennen, geschweige denn zuordnen können. Die deutsche Dialektlandschaft ist ärmer geworden. Niemand machte sich die Mühe, die Dialekte aus dem Osten zu bewahren oder zu dokumentieren. Ostpreußisch ist bis auf wenige uralte Sprecher vollständig verschwunden, in wenigen Jahren wird es den Dialekt nicht mehr geben.

Noch heute höre ich meine Großtante Lotte »Erbarrrmung!« rufen, wenn sich etwas für sie Unfassbares ereignete. Sie schlug dann die Hände zusammen. *Erbarrrmung* – dieses beinahe gesungene Wort mit einem langen rollenden R war wie ein Hintergrundrauschen meiner Kindheit. »Aastprejßen«, sang sie den Namen ihrer alten Heimat, die natürlich *Hejmat* war. Die alten Verwandten sprachen diesen Dialekt, wie auch Nachbarn und Bekannte aus Ostpreußen. Es klang herrlich weich. Ohne *Erbarrrmen* versah man jedes Wort mit einer Niedlichkeitsform: Mutt-chen, Vat-chen, Op-chen, Om-chen, Fritz-chen, Mart-chen, Marie-chen … Als Kind blieb ich davon keinesfalls verschont, wenn besagte Tante Lotte – natürlich nannten wir sie Tante Lott-chen – aus mir Andreas-chen machte. Heute erscheint mir, dass ihr damit ein wahres Kunststück gelungen ist, an einen derart silbenreichen Vornamen noch ein zusätzliches -chen zu hängen. Ostpreußische Muttersprachler hatten noch andere Talente, indem sie alle Wörter zugleich in unterschiedlichen Tonhöhen fast singend sprachen.

Personalpronomen ignorierte man gern. »Willst noch zu ejner Schejbe Brot«, fragte sie. Das kurze Wort *Nejjjjn* klang, liebevoll gestreckt, gedehnt, aus dem Mund von Tante Lott-chen wie ein Lied. Rief sie ein wahnsinnig lang gezogenes *Wirrrst*, war das die Aufforderung, etwas zu unterlassen. Auf Hochdeutsch wäre es wohl wiederzugeben mit »Wirst du das wohl sein lassen«. In Ostpreußen gab man sich eher wortkarg – vielleicht wegen der langen Winter und der klirrenden Kälte?

Und erst der wunderbare Wortschatz! Kennen Sie einen *Pomuchel*, oder wissen Sie, was ein *Bowke* ist, ein *Lorbass* oder ein *Marjellchen*? Ein *Kodder*, *Pracher*, *Lachodder* oder *Damlak*? Fast scheinen diese Wörter der literarischen Fiktion zu entstammen. Einige dieser Ausdrücke über Lausbuben und Schlitzohren, Wischlappen und Blödiane können wir noch in den Werken von Günter Grass, Siegfried Lenz oder Arno Surminski finden. Lorbass schalten uns die Älteren, wenn wir Jungs etwas ausgefressen hatten. »Du Lorbass«, hieß es dann, im Sinne von »Du Schlingel«, »Du Frechdachs«, stets mit einem liebevollen Unterton, nie böse. Dieser Ausdruck stammte ursprünglich aus dem Litauischen, das sich in den ostpreußischen Dialekt eingeschlichen hatte.

Wörter über Wörter, die einer anderen Welt entstammten und deren Liste sich lange fortsetzen ließe, die ich als Kind bei den älteren Verwandten aufschnappte. So hieß ein Wacholderbaum *Kaddik*, Quark nannte man *Glumse*, ein Groschen war ein *Dittchen*. Und *Spirgel*, herrje, *Spirgel*, wie herrlich dieses Wort gesungen wurde. Sie tappen im Dunkeln? Es handelt sich um gebratenen Speck, vom litauischen *spirgai* mit ebendieser Bedeutung. Bratkartoffeln mit *Spirgel*, das war ein wahrer Schmaus bei meinen Großeltern wie überhaupt der masurischen Sippe.

Der wichtigste Vitaminspender im Winter war Sauerkohl oder Sauerkraut, eingelegter und fermentierter Weißkohl, den man auf Ostpreußisch *Kumst* nannte. Er ist als *kapusta* aus den benachbarten polnischen oder russischen Küchen nicht wegzudenken.

Über den *Kumst* stammt eine weitere Geschichte von Robert Budzinski: »Gleichfalls zum Essen. Blätter des Sauerkrauts oder des Kohls. Sie werden fadenförmig zerschnitten und in ein altes Petroleumfaß getan. Dann steigt man in dieses Faß hinein und übt Stampfschritt an Ort. Man kann sich Schuhe und Strümpfe ausziehen. Dann geht man hinaus, legt wieder Blätter hinein und läßt seine Frau stampfen, dann geschieht dasselbe mit dem Großvater, dem Onkel und dem Dienstmädchen. Zuletzt bedeckt man das Faß mit einem alten Unterrock und stellt es in die gute Stube. Will man wissen, ob der Kumst schon fertig ist, so führe man einen Gast in diese Stube. Geht er bald wieder hinaus, mit dem Finger an der Nase, dann ist der Kumst gut.«

In Masuren fand nach dem Zweiten Weltkrieg ein fast vollständiger Bevölkerungsaustausch statt, der die ursprünglichen Bewohner gegen ihren Willen in den Westen trieb. Und mit ihnen ein Stück Masuren. In ihrem geistigen Fluchtgepäck nahmen sie ihre Sprache, Traditionen, Glauben und Rezepte mit. Zwischen Oder und Rhein leben Millionen Menschen, deren Wurzeln in Masuren oder auch ganz Ostpreußen liegen.

Ihre Geschichte im heutigen Deutschland reicht jedoch weit zurück. Außer einer schönen Landschaft hatte Masuren lange kaum etwas zu bieten, und von dem wenigen wurde niemand satt. In der Hoffnung auf ein besseres Leben versuchten seit dem 19. Jahrhundert viele Masuren ihr Glück im Westen, weil nach dem geltenden Erbrecht nur ein Kind den elterlichen Hof erben konnte. Abhilfe versprach die aufkommende Industrialisierung mit neuen Ballungszentren und Metropolen, die ein wahres Jobwunder verhießen. Aus dem preußischen Osten, der weitgehend landwirtschaftlich geprägt war, setzte deshalb eine gigantische Binnenwanderung ein.

Auch viele Masuren folgten den Rufen ins »gelobte Land«, seit Gründung des Deutschen Reiches zog insgesamt ein Drittel der masurischen Bevölkerung nach Berlin und in andere Großstädte, in die Werften von Hamburg und Bremen, vor allem jedoch in das rheinisch-westfälische Industrierevier, das Ruhrgebiet. Fernab der masurischen Seen und Wälder suchten Masuren ihr Glück in den Kohlegruben und Stahlwerken an Rhein, Ruhr und Emscher. Westfalen lautete das Zauberwort, das Arbeit im Übermaß versprach.

Der Schriftsteller Ernst Wiechert beschrieb diesen Exodus in die Kohlezechen in seinem Roman *Die Jeromin-Kinder*: »Und aller Überfluss an jungen Söhnen, die kein Erbe empfangen hatten, verschwand in den westlichen Städten des Reiches, versank in den Bergwerken unter der Erde, vergaß die Wälder und Moore und bezahlte Lohn und Gewinn mit der Friedlosigkeit der im Dunklen Lebenden, mit der Zugehörigkeit zur Masse der Hadernden, die ihnen doch fremd blieb bis zur Todesstunde.«

Von den Kohlezechen bezahlte Agenten zogen von Dorf zu Dorf, um die Masuren mit honigsüßen Versprechungen zu locken. Einige ihrer Aufrufe sind erhalten geblieben. »In rein ländlicher Gegend, umgeben von Feldern, Wiesen und Wäldern, den Vorbedingungen guter Luft«, versprachen sie, liege »ganz wie ein masurisches Dorf, abseits vom großen Getriebe, eine reizende, ganz neuerbaute Kolonie des westfälischen Industriegebietes.«

Da die Masuren zumeist Selbstversorger waren, zielte die Werbung genau darauf ab. »Ferner gehört dazu ein geräumiger Stall, wo sich jeder sein Schwein, seine Ziege oder seine Hühner halten kann. So braucht der Arbeiter nicht das Pfund Fleisch oder seinen Liter Milch zu kaufen. Endlich gehört zu jeder Wohnung auch ein Garten von etwa 23 bis 24 Quadratruten. So kann sich jeder sein Gemüse, sein Kumpst und seine Kartoffeln, die er für den Sommer braucht, selbst ziehen.«

Die Agenten warben mit elektrischer Straßenbeleuchtung, legten gleichfalls Wert auf Sittlichkeit und Moral. »Masuren«, heißt es weiter, »es kommt der Zeche vor allem darauf an, ordentliche Familien in diese ganz neue Kolonie hineinzubekommen. Ja, wenn es möglich ist, soll diese Kolonie nur mit masurischen Familien besetzt werden. So bleiben die Masuren unter sich und haben mit Polen, Westpreußen usw. nichts zu tun.« Das war in jenen Zeiten wichtig zu betonen. Jeder sollte die Glaubwürdigkeit dieses Eldorado überprüfen können, weshalb man jederzeit Zeugen schicken würde, um die Versprechungen zu bestätigen. Ohne die Lage im fernen Ruhrpott zu kennen, gaben Tausende dem Werben ihrer zukünftigen Arbeitgeber Krupp, Thyssen und Grillo nach. Diese Hoffnung auf eine bessere Zukunft löste den größten freiwilligen Exodus in der masurischen Geschichte aus.

Ab 1870 entstand im Ruhrgebiet eine zweite masurische Gemeinschaft, in der 1914 ungefähr 180 000 Masuren lebten. Der Mund-zu-Mund-Propaganda folgten immer mehr Landsleute, sodass im Ruhrgebiet soziale Netzwerke nach Herkunftsorten entstanden: Ortelsburger zogen überwiegend nach Gelsenkirchen, Neidenburger und Soldauer konzentrierten sich auf Wattenscheid, Lötzener hingegen auf Wanne. Gelsenkirchen-Schalke erhielt damals im Volksmund den Beinamen Klein-Ortelsburg. Jede masurische Familie hatte Verwandte im Ruhrgebiet. Dort lockten attraktivere und vor allem geregelte Arbeitszeiten, eine schöne Wohnung, ein unentgeltliches Kohledeputat und eine weit höhere Bezahlung als zu Hause.

Junge, noch ledige masurische Männer gingen für einige Jahre »do Westfalii« (nach Westfalen), um in den Kohlenschächten oder Stahlwerken für die Gründung einer Familie zu sparen. Viele kehrten nach Masuren zurück, um dort ihre Auserwählte zu heiraten, die meisten von ihnen jedoch blieben für immer im Westen. Die Arbeitgeber schätzten ihre Anspruchslosigkeit und Disziplin, was allerdings schnell zu Neid bei deutschsprachigen Kollegen führte. Viele Masuren arbeiteten nämlich weit unter dem Durchschnittstarif, was ihnen den Vorwurf der Lohndrückerei einhandelte. Über die überwiegend polnischsprachigen Arbeiter aus den preußischen Ostgebieten stellte bereits eine zeitgenössische Schrift 1922 fest, sie seien gewöhnt »an strenge Arbeit sowie an das Beherrschtwerden«. Zudem, so fährt die Schrift fort, zeichneten sie »Bildungsmangel, Religiosität, Bedürfnislosigkeit« aus.

Für die einheimischen Westfalen waren jene Arbeitsmigranten aus dem preußischen Osten alle fremd, weshalb sie keine Unterschiede zwischen Masuren und Polen machten. Die kaisertreuen evangelischen Masuren empörten sich über die pauschale Zuschreibung als »Ruhrpolen«. Sie unterstrichen nach außen, dass sie mit nationalen und vor allem katholischen Gruppen nichts gemein hatten. Deshalb schlossen sie sich zu eigenen religiösen Gemeinschaften zusammen, zu denen der Ostpreußische Gebetsverein zählte. Schon seit Anfang des Jahrhunderts betrieb die Evangelische Kirche in Gelsenkirchen eine Seelsorge eigens für Masuren, um sie, wie Pfarrer Oskar Mückeley 1910 schrieb, nicht nur »vor Trunksucht, der Verwahrlosung, der Gottentfremdung« zu schützen, sondern auch »Verlockungen des Polentums, der Sozialdemokratie und der Sekten« abzuwehren. In insgesamt 14 Gemeinden taten zweisprachige Pfarrer oder Gemeindehelfer Dienst, die wiederum in 16 weiteren Kirchengemeinden polnische Gottesdienste abhielten.

Im Laufe der Zeit verstetigte sich die masurische Gemeinschaft im Ruhrgebiet. Zur ersten gesellte sich eine neue Generation, als immer mehr junge Leute ihr Glück in den Kohlegruben suchten. Wenn die westfälischen Masuren auch lange ihre eigenen Traditionen bewahren konnten, übernahmen sie zunehmend Gewohnheiten aus ihrem deutschsprachigen Umfeld.

Auch ich hatte viele Verwandte im Ruhrgebiet. Sie waren vorwiegend nach dem Zweiten Weltkrieg als Vertriebene dorthin gekommen. Besagte Tante Lotte lebte im nördlichen Ruhrgebiet, ihr Mann arbeitete lange Jahre als Bergmann in der Zeche Auguste Victoria. Wenigstens über Tage schufen sie sich in ihrem großen Garten ein kleines Paradies, das sie an Masuren erinnerte. Unzählige Male war ich im Ruhrgebiet bei Verwandten und Bekannten zu Besuch, ja, es schien nur aus Masuren zu bestehen. Alle wohnten unweit voneinander entfernt, manchmal traf man über die Straße hinweg Nachbarn aus der alten Heimat. Alle waren natürlich Schalke-Fans.

Als 2001 die mächtige Schalker Arena das Parkstadion ablöste, führte mich ein gut meinender Lokalpatriot und eingefleischter Schalke-Fan freudestrahlend in das neue

Stadion. Mein Begleiter wollte mir, dem Masurenhistoriker, in der Gelsenkirchener Arena den masurischen Verein schlechthin nahebringen. Das konnte ich irgendwie nachvollziehen. Wäre da ein Fünkchen Interesse für Fußball, dann gälte meine uneingeschränkte Sympathie diesem Verein. Schalke 04 blieb bei mir haften, wenn ich am Ende der *Tagesschau* die schier endlos erscheinende Bundesligatabelle über mich ergehen lassen musste. Nun stand ich also in diesem gigantischen Stadion, doch Ehrfurcht wollte sich bei mir nicht einstellen. Viel Rasen und leere Tribünen. Trotz großer Sympathien für die Geschichte des legendären Ruhrpott-Vereins bin ich am Ende kein Fußballfan geworden.

Die Geschichte des Vereins ist dennoch spannend. Dem Gelsenkirchener Fußballverein Schalke 04 traten schon bald nach seiner Gründung 1904 viele gebürtige Masuren und in Westfalen geborene Nachfahren bei. Der Großraum Gelsenkirchen galt als Kapitale der masurischen Einwanderung, weshalb der FC Schalke 04 als »Polacken- und Proletenverein« verschrien war. Viele Teammitglieder der ersten Mannschaften stammten aus masurischen Familien, darunter die deutschlandweit bekannten Fußballidole Ernst Kuzorra und Fritz Szepan (eigentlich Sczepan). Sie waren seit ihrer Kindheit enge Freunde, und Letzterer heiratete Kuzorras Schwester Else. Beide waren bereits an Ruhr und Emscher geboren, wohin ihre Eltern aus den masurischen Kreisen Neidenburg und Osterode eingewandert waren. Sie verkörperten den Aufstieg von masurischen Arbeiterkindern zu Profifußballern. Kuzorra und Szepan erreichten bald Kultstatus, als sie für ihren Schalker Verein mehrfach den Titel als Deutscher Meister holten.

Die Fußballer standen auch im Zentrum eines polnisch-deutschen »Fußballkriegs«, der in den Sportgazetten beider Länder leidenschaftlich geführt wurde. Als Schalke 1934 erstmals den deutschen Meistertitel nach einem 2:1-Sieg gegen den 1. FC Nürnberg holte, reklamierte die bekannte polnische Sportzeitung *Przegląd Sportowy* in ihrer Ausgabe vom 30. Juni den Schalker Sieg für Polen. »*Mistrzostwo Niemiec w rękach Polaków!* Die deutsche Meisterschaft in den Händen der Polen! Triumph der Spieler von Schalke 04, der Mannschaft unserer Landsleute«, lautete die Schlagzeile. Man warf den Deutschen vor, sie hätten ihre polnischen Landsleute lange benachteiligt; erst jetzt beim Sieg seien ihnen polnische Spieler recht.

Eine Welle der Empörung erfasste die deutsche Sportwelt, die ausgewählte polnische Presseberichte veröffentlichte. Das veranlasste den FC Schalke, sich in einem offenen Brief zu erklären, den auch der *Kicker* veröffentlichte. Darin wiesen die Gelsenkirchener nicht nur die Behauptungen der Polen zurück, sondern betonten die »deutschblütige« Abstammung ihrer Spieler. Mit Kurzbiografien einzelner Spieler versuchte der FC Schalke, sämtliche Vorwürfe zu entkräften. Unter den 13 namentlich aufgelisteten Spielern stammten sechs aus masurischen Familien, andere gleichfalls aus den preußischen Ostprovinzen. Zu den Masuren zählten die Fußballmeister Fritz Szepan (Neidenburg), Emil Rothardt (früher Czerwinski, Lyck), Ernst Kuzorra (Osterode), Ernst Kalwitzki (Neidenburg/Osterode), Rudolf Gellesch (Lötzen) und Walter Badorrek (Ortelsburg).

Auf bizarre Weise geriet der Verein zugleich in den Blick der Nationalsozialisten. Die völkischen Ideologen sahen bei FC Schalke 04 jene Arbeiterbiografien vertreten, die für sie die neue Idee der »Volksgemeinschaft« verkörperten. Gemeinsam mit der gesamten Mannschaft salutierten Szepan und Kuzorra 1934 als frischgebackene deutsche Meister vor den Kameras der jubelnden Presse mit dem Hitlergruß. Fritz Szepan erwarb 1938 zu einem Spottpreis per »Arisierung« ein Textilkaufhaus am Schalker Markt, dessen rechtmäßige jüdische Eigentümer nach Riga deportiert und ermordet wurden. Ihrem Kultstatus in der deutschen Fußballgeschichte tat das keinen Abbruch. Sie schufen den »Schalker Kreisel«, der bis heute unter Menschen, die anders als ich etwas von Fußball verstehen, legendär ist.

Was trotz ideologischer Verrenkungen seitens der NS-Propaganda nicht gelang, war die polnischsprachige, sprich masurische Herkunft der meisten Spieler zu erklären. Heute wirkt dieser kleine Pressekrieg von 1934 wie eine groteske Fußnote der Geschichte, aber das vergiftete Klima sollte sich wenig später im Zweiten Weltkrieg entladen. Der Fußballsport gelangte gleichfalls ins nationalistische Fahrwasser. Einmal mehr gerieten selbst die Nachfahren von Masuren fernab der Herkunftsregion zwischen die Stühle, obwohl sie sich zweifellos als Deutsche fühlten. Sollten Sie wie ich kein Fußballfan sein, erleben Sie in der Schalker Arena ein spannendes Kapitel masurischer Geschichte im Ruhrgebiet, und zwar nicht im Stadion, sondern im Schalke Museum.

Das Ruhrgebiet hat masurische Wurzeln, an die vor allem viele Familiennamen erinnern. Im analogen Zeitalter, als es noch Telefonbücher gab, genügte ein Blick auf die Gelsenkirchener, Herner oder Bochumer Seiten: Kaczmarski,

Sczepan, Makowka oder Koslowski. Bis heute bestimmen sie den spezifischen Sound im Ruhrgebiet, weshalb natürlich der legendäre *Tatort*-Kommissar, verkörpert durch Götz George, nicht Müller oder Schäfer, sondern Schimanski heißen musste. In den Achtzigerjahren machten zwei Fernsehserien das Schicksal masurischer Einwanderer im Ruhrgebiet populär: »Die Pawlaks – Eine Geschichte aus dem Ruhrgebiet« (ZDF, 1982) und »Rote Erde« (ARD, 1983) erzielten hohe Einschaltquoten.

Wanne-Eickel, Essen, Dortmund oder Recklinghausen: Wer aufmerksam durch das Ruhrgebiet reist, entdeckt heute noch Spuren masurischen Lebens. Im Hinterhof der Düngelstraße 81 in Herne steht ein masurischer Betsaal, in dem ab 1908 der masurische Gebetsverein zu Gottesdiensten und Andachten zusammenkam. Obwohl das Gebäude heute kein Gotteshaus mehr ist, steht es beispielhaft für dieses besondere Kapitel der Migrationsgeschichte.

Atlantis des Nordens: Eine literarische Spurensuche

Wie schreibt man über eine Landschaft, die eine komplexe Geschichte hat und über der seit jeher eine gewisse Schwermut liegt? Ich möchte Ihnen drei Autoren vorstellen, die Masuren und Ermland zu ihrem literarischen Thema gemacht haben. Trotz intensiver Recherche habe ich mich für drei männliche Schriftsteller entscheiden müssen; weibliche literarische Stimmen zu Masuren sind rar, was vielleicht eine eigene Untersuchung wert wäre. Meine drei Schriftsteller: ein zeitgenössischer polnischer Dichter, ein Masure, der nach dem Krieg in seiner Heimat verblieb und auf Polnisch schrieb, sowie ein deutscher Schriftsteller, der aus Masuren stammte.

Seebad Bansin auf der Insel Usedom im Frühjahr 2009: Gemeinsam mit dem Dichter Kazimierz Brakoniecki und dem Übersetzer und Diplomaten Winfried Lipscher sitze ich auf einem Podium anlässlich der Usedomer Literaturtage. Moderiert wird unser Gespräch vom ARD-Journalisten Klaus Bednarz. Es geht um das ehemalige Ostpreußen.

Im Kurhaus am Ostseestrand erzählt Kazimierz Brakoniecki seine ungewöhnliche Geschichte. Er erblickte 1952 in der kleinen Stadt Wartenburg (Barczewo) das Licht der Welt. Hierher waren seine Eltern wie viele polnische Neusiedler gekommen, seine Mutter stammte aus der Wileńszczyzna, dem heutigen Litauen, sein Vater aus Zentralpolen. Kazimierz wuchs als Kind in einer Umgebung auf, die sich für seine Eltern noch fremd anfühlte. In ebendiesem ermländischen Städtchen, hart an der Grenze zu Masuren, war 14 Jahre zuvor, 1938, als es noch Wartenburg hieß, Winfried Lipscher geboren. Er musste 1957 als Deutscher seine Heimat verlassen und gelangte in die Bundesrepublik. Doch der polnischen Sprache und Kultur blieb er verbunden, sodass er später als Diplomat der deutschen Botschaft nach Polen zurückkehrte.

Brakoniecki und Lipscher, zwei Söhne einer Stadt – ein Pole und ein Deutscher –, trafen sich irgendwann. Sie verband schnell eine tiefe Freundschaft, die bis heute von dem Wunsch beseelt ist, Polen und Deutsche einander näherzubringen. Nicht zuletzt durch das literarische Erbe ihrer Heimat. Gemeinsam haben sie 1996 das großartige Werk *Meiner Heimat Gesicht* geschaffen, in dem sie Ostpreußens reiches literarisches Erbe in einer Anthologie zusammengeführt haben. Der Band gleicht einer wahren Schatzkammer, denn er vereint nicht nur deutsche und polnische Literatur zu Ostpreußen, sondern auch russische, litauische und lateinische.

Kazimierz Brakoniecki widmete seinem Freund Winfried Lipscher das Gedicht *Atlantis des Nordens*, das Letzterer ins Deutsche übersetzte. Mit Atlantis beschwört der

Dichter eine Vergangenheit zwischen Weichsel und Memel herauf, die unwiederbringlich verloren ist. Doch hat die Geschichte bis heute die Kulturlandschaft geprägt, sich in ihren unterschiedlichen Ablagerungen festgesetzt, die Brakoniecki Schicht um Schicht freilegt.

trupps abgeschlachteter Balten hungriger Kreuzritter und Tataren
boote und sprachen entankert kirchenliedbücher und planken der schlösser zerfetzt
herden ungemolkener kühe haufen filzstiefel und möhrenberge
waggons mit verschleppten schweigend aus Wilna Grodno Rastenburg
wir stehen im grenzland der uhr und kultur von sprache und zivilisation
dieses geteilten landes das eins war und feindlich Preußen
könnte man den rasen die knochen heben ziegelstücke und schutt
könnte man blicken hinein in morast preußischer aufmärsche wer würde
uns wohl anreden und in welcher gemeinschaftssprache der brüderlichkeit
welche rache würde er fordern und welchen süßen haß
›Atlantis des Nordens‹ sagen wir und lachen laut
kehren uns der freiheit zu aus der haus und welt und tier und mensch kommt
und wir schreiten entlang der verstrickten todesgrenze und lassen das altholz zur ader

Lassen Sie sich einen Augenblick Zeit und lesen sich diesen Auszug aus dem Gedicht einmal laut vor. Es entsteht ein ganz eigenes Tempo, aus dem sich immer wieder neue Zusammenhänge ergeben, je nachdem, wo Sie innehalten. Am Anfang erzählt es die lange Geschichte Ostpreußens von den Ureinwohnern bis zu den heutigen polnischen Bewohnern, eines Landes, das häufig Krieg und Zerstörung gesehen hat. Atlantis hieße demnach versunken in der Geschichte. Doch Brakoniecki forscht auf wunderbare Weise in den deutschen Ablagerungen der Geschichte nach, erzählt diese aber weiter, legt die polnische Schicht darüber, indem er von der Fremdheit der ankommenden Polen berichtet, die ihrerseits ihre Heimat im Osten verloren hatten. Zugleich möchte er die Spuren nicht verwischen, sondern hütet sie wie einen Schatz, aufgehoben in der Poesie. Am Ende erleben beide – Kazimierz und Winfried – dieses Atlantis als eine Brücke, die über allem Leid verbindet und vielfache Neuanfänge immer wieder möglich macht.

Brakoniecki beschreibt seine unbeschwerte Kindheit. Zugleich durchlebte er die zuweilen schmerzhafte Aneignung einer Landschaft, in die auch seine Familie nur der historische Zufall gespült hatte. »Diese Landschaft rings umher, festgehalten unter den Augenlidern so vieler ruhiger und unruhiger Generationen, ja, sie ist deine Weide und dein Sarg«, schreibt Brakoniecki. »Mein gieriges Schauen der Landschaft, das Sehen der kleinen und großen Vergangenheit, vermischt sich mit den Epochen und Menschen im Schreien, Weinen und Singen.« Der Dichter Kazimierz Brakoniecki lebt in Allenstein, ist Gründungsmitglied der Kulturgemeinschaft Borussia und zudem ein leidenschaftlicher Frankophiler. Für mich war seine wunderbare Lyrik und Prosa eine großartige Entdeckung, weshalb ich seinem Werk noch mehr Freunde im deutschsprachigen Raum wünsche.

Während die kraftvolle Stimme von Kazimierz Brakoniecki für die polnische Gegenwartsliteratur steht, werde ich bei der Suche nach deutschsprachigen masurischen Autoren zum Archäologen. Dabei muss ich zum Glück gar nicht so tief graben, um wunderbare literarische Entdeckungen zu machen. Ein Schriftsteller, den einst jedes Schulkind in Deutschland kannte, wurde sprichwörtlich mitten in den masurischen Wäldern geboren. Auf einer Straße, die lange Zeit durch die ausgedehnten Wälder der Johannisburger Heide führt, erreichen Sie hinter Peitschendorf im tiefsten Masuren ein altes Forsthaus. Zeitlos schöne Architektur, wie sie in den preußischen Staatsforsten einst üblich war, ein schlichter funktionaler Bau aus roten Ziegelsteinen. In diesem Forsthaus Kleinort (Piersławek) kam 1887 Ernst Wiechert zur Welt. Vielleicht haben Sie seinen Namen schon einmal gehört, denn von den Dreißigerjahren bis in die frühe Bundesrepublik zählte er zu den meistgelesenen deutschsprachigen Autoren.

Nach dem Studium an der Königsberger Universität arbeitete Ernst Wiechert zunächst als Lehrer. Der Erste Weltkrieg, den er zuletzt als Frontoffizier erlebte, hatte ihn als jungen Mann stark geprägt. Nach dem Selbstmord seiner ersten Frau zog er in die deutsche Hauptstadt, wo er am renommierten Kaiserin-Augusta-Gymnasium arbeitete. Dort begann er seine schriftstellerische Arbeit, die anfangs von einem völkisch-nationalen Geist geprägt war, vor allem sein 1924 erschienener Kriegsroman *Der Totenwolf*. Doch Ende der Zwanzigerjahre sah er sich damit auf einem Irrweg, weshalb er sich einem anderen, betont unpolitischen Ton verschrieb. Dieser sollte für Wiechert charakteristisch werden und seinen großen Erfolg begründen.

Seinen Lehrerberuf gab er kurz nach der nationalsozialistischen Machtergreifung auf. Fortan widmete er sich in Oberbayern allein seiner schriftstellerischen Arbeit. Von Anfang an war er gegen die Nationalsozialisten eingestellt, doch er verließ Deutschland nicht, trotz mehrfacher Bitten von Freunden. Statt Exil wählte er die innere Emigration, stand aber unter Beobachtung der Gestapo, die ihm 1937 öffentliche Auftritte untersagte. Daraufhin schrieb er einen Protestbrief an Propagandaminister Goebbels, der zugleich Chef der Reichsschrifttumskammer war: »Ich bin überzeugt, daß der einfachste Hütejunge aus meiner Heimat mehr Takt und Kultur gezeigt haben würde als die Beamten der höheren Kulturbehörde des Dritten Reiches.«

Als er gegen die Inhaftierung des bekannten Theologen Martin Niemöller protestierte, wurde Ernst Wiechert am 8. Mai 1938 verhaftet. Damit zog er Goebbels' persönlichen Hass auf sich, den dieser sogar in seinem Tagebuch festhielt: »Vernehmungsprotokoll von dem sogen. Dichter Wiechert gelesen. So ein Stück Dreck will sich gegen den Staat erheben. 3 Monate Konzentrationslager. Dann werde ich ihn mir persönlich kaufen.« Aufgrund vieler Proteste kam er nach mehreren Monaten im KZ Buchenwald frei. Wiechert wurde von den NS-Machthabern fortan geduldet, aber dauerhaft überwacht. Er durfte weiter publizieren, sich aber nicht politisch betätigen, weder persönlich noch in seinen Büchern. Das führte zu einer seltsamen Mischung: Der Schriftsteller im inneren Exil war zugleich einer der meistgelesenen Autoren jener Jahre.

Ernst Wiechert genoss nach 1945 weniger wegen seines literarischen Schaffens als wegen seiner Moral großes Ansehen. Seine entschiedene Ablehnung des NS-Terrors ließ ihn glaubwürdig erscheinen. Nach dem Zweiten Weltkrieg wurde er bekannt durch die *Rede an die deutsche Jugend*, die er im November 1945 in München hielt. Sie war eine moralische Abrechnung mit dem Nationalsozialismus, die heute vielfach Einzug in deutsche Schulbücher gefunden hat. 1948 zog Wiechert in die Schweiz, wo er in Uerikon am Zürichsee lebte und bereits 1950 mit 63 Jahren starb.

Ernst Wiechert war ein Schriftsteller, der Widersprüche heraufbeschwor, zu Lebzeiten wie auch in seinem Nachleben. Viele taten sich schwer mit seiner schwülstigen Sprache, die mit ihrem Naturalismus und ihrer Schwermut einen antimodernen Geist heraufbeschwor. Er kritisierte den Fortschritt, mit dem viele nicht mithalten konnten, und schuf einen Gegenentwurf, in dem er Natur, Stille und Einsamkeit pries. Es klang oft nach Eskapismus, nach Weltflucht, die Herausforderungen des Hier und Heute schienen ihm fern. Doch das traf einen Zeitgeist. Zugleich war – und davon dürfen Sie sich vor Ort überzeugen – Wiechert ein Kind der Natur; in den Wäldern Masurens kannte er jeden Stein. Vielleicht war er im wahrsten Sinne des Wortes aus der Zeit gefallen, weil die Melancholie Masurens ihn geprägt hatte, die so gar nicht mehr in unsere hektischen Zeitläufte passen will. Deshalb hat irgendwann diese neue Rastlosigkeit sein Werk verschüttet.

Wiechert eignet sich heute sogar für ein Experiment, sich nämlich mithilfe seiner literarischen Beschreibungen die Landschaft Masurens buchstäblich zu erlesen. Der heute weithin vergessene Autor lohnt zumindest einen literarischen Exkurs, vielleicht sogar eine Neuentdeckung. Wiechert hat mehrere Generationen in Deutschland literarisch geprägt mit seinen 13 Romanen, Dutzenden Novellen und Erzählungen. Ein bisschen Wiechert sollten Sie in Ihrem literarischen Reisegepäck mitnehmen. Beispielsweise die vor wenigen Jahren neu erschienenen Erinnerungen an seinen Lageraufenthalt im KZ Buchenwald *Der Totenwald*, die frühe Beschreibung eines nationalsozialistischen Lagers.

Viele seiner Romane und Erzählungen spielen in der Einsamkeit Masurens, zwei sind zugleich autobiografische Erinnerungen: der erste Teil *Wälder und Menschen*, der zweite Teil *Jahre und Zeiten*. In beiden Werken kehrt Wiechert nach Masuren zurück. »Ich komme aus keiner ›Schule‹, und ich gehöre keiner Richtung an«, schreibt Wiechert in *Jahre und Zeiten*. »Aber ich komme aus einer großen Landschaft, die vieles an mir gebildet hat, und aus jener Einsamkeit, in der ein Mensch noch wachsen und werden kann. Das ganze spätere Leben hat diesen Ursprung und diese Ursprünglichkeit nicht auslöschen können, keine Bildung, keine Ratio, keine Welt.« Wiechert empfand es als ungeheures Privileg, in den Wäldern Masurens aufwachsen zu dürfen. »Ich hatte das große Glück, daß zu Beginn meines Lebens nur große Dinge um mich standen und daß sie große Schatten warfen. Nicht ein Hinterhaus, eine Mietwohnung, eine gepflasterte Erde. Sondern daß der Wald da war, ein großer Wald, große Wolken an einem großen Himmel und es war etwas wie Unendlichkeit darin.«

Wenn Sie also am Forsthaus Kleinort (in dem ein lohnendes kleines Museum zu besichtigen ist) in den Wald gehen, nehmen Sie einen Wiechert-Band mit, vielleicht *Wälder und Menschen*, setzen sich ins Gras, und beginnen zu lesen. »Ich kann es nie beschreiben, wie es war, wenn wir in den hohen Kiefernwald einfuhren, wenn der erste Raubvogelschrei über die Wipfel fiel, unser Roggenfeld in der Sonne wogte, das rote Dach hinter den Eschen erschien. Dann vermag das Herz noch ebenso zu erbeben wie damals, wenn die Heimat sich aufhob und ich am ersten Abend am Waldrand stand und das großartige Schweigen der ländlichen Erde sich bis zu den Sternen hob.«

Masuren prägte Ernst Wiechert in seiner naturalistischen, von starker Frömmigkeit geprägten Erzählweise, die heute altmodisch anmutet. *Die Majorin*, *Das einfache Leben* sowie *Missa sine nomine* sind ebenfalls mit Masuren verwoben. Noch heute finden Sie in vielen Antiquariaten seine Bücher, da sie in hohen Auflagen erschienen. Seine Werke fehlten in keinem bürgerlichen Bücherregal. Natürlich erfuhr er auch bei den ostpreußischen Vertriebenen Kultstatus, weil er in einer sentimentalen Sprache ihre alte Heimat verewigte. Einige seiner Bücher werden zwar heute noch nachgedruckt, aber Ernst Wiechert gehört schon lange nicht mehr zu den Großen.

Als ich mich eingehender mit der Geschichte Masurens zu beschäftigen begann, war mir vor allem sein Roman *Die Jeromin-Kinder* eine große Hilfe. Darin schildert er das Schicksal eines masurischen Dorfs und berichtet davon, wie hart das bäuerliche Leben jener Walddörfer in der Johannisburger Heide war, die er in seiner Kindheit kennenlernte. »Sie sind so klein, daß ihre Namen nur auf den Karten verzeichnet sind, die der Soldat im Manöver braucht, und auch dort nicht einmal mit Sicherheit. Sie tragen Namen von einem fremden, traurigen Klang, alte Namen sogar, aber schon hinter der Kreisgrenze kennt sie niemand. Sie sind wie Gräber aus den Zeiten lang vergessener Kriege, eingesunken, mit verwischter Schrift.«

Der Roman erzählt das Schicksal der Familie Jeromin im Dorf Sowirog über mehrere Generationen. Dieser kleine Ort existierte wirklich, wenigstens dem Namen nach. Heute stehen von dem Dorf nur noch wenige Reste. Auf einer alten Karte aus dem Jahr 1888, ein Jahr nach Wiecherts Geburt, verlor ich mich in dieser versunkenen Welt. Die Namen der Dörfer verliehen der Landschaft eine eigenartige Melodie, eine Seele. Sowirog, Niedwedzirog, Pieczisko – vergessene Dörfer.

Auf der Straßenseite gegenüber dem Forsthaus, dem Waldweg etwa 500 Meter folgend, steht das Grab von Paul Wiechert, einem Bruder des Schriftstellers, der im Alter von fünf Jahren starb. Am Forsthaus selbst brachten polnische Wiechert-Freunde anlässlich seines 100. Geburtstages 1987 eine Gedenktafel an. In Polen genoss Wiechert vor allem als »Antifaschist« Ansehen. Nach 1989 begann eine stärkere Auseinandersetzung mit der regionalen Bedeutung Wiecherts. Heute dürfte der einst so bedeutende Schriftsteller in Masuren bekannter sein als in Deutschland.

Am Schluss meines literarischen Trios möchte ich Ihnen Erwin Kruk vorstellen, der mit seinem polnischsprachigen Werk gleichfalls Chronist einer versunkenen Welt ist. Masuren ist sein Lebensthema gewesen. Wie könnte es auch anders sein, war doch seine gesamte Biografie auf das Engste mit seiner Heimat verwoben. Er fragt in seinen Büchern, was von den ehemaligen Bewohnern Masurens geblieben ist und wer künftig ihre Geschichte erzählen wird, wenn die letzten Zeitzeugen nicht mehr selbst sprechen können.

Erwin Kruk wurde 1941 als Kind einer masurisch-deutschen Familie im Kreis Neidenburg geboren. Beim

Einmarsch der sowjetischen Armee im Januar 1945 wurde sein Vater von den Sowjets verschleppt, sein Schicksal blieb ungeklärt, seine Mutter starb bei der Zwangsarbeit an Typhus. Gemeinsam mit seinen beiden Brüdern Richard und Werner wuchs er zunächst bei der Großmutter auf, die in Masuren geblieben war, worauf Erwin Kruk schließlich in ein Waisenhaus kam. Nach dem Abitur studierte er Polonistik.

Lange Zeit arbeitete er als Journalist in Allenstein, wo er gleichzeitig zu schreiben begann. 1980 engagierte er sich in der unabhängigen Gewerkschaft Solidarność und wurde daraufhin nach Ausrufung des Kriegsrechts zunehmend vom Staat bedrängt. Nach der politischen Wende vertrat er seine Heimat im Senat, der zweiten Kammer des polnischen Parlaments. Zudem engagierte sich Kruk im polnischen PEN und war aktives Synodalmitglied der evangelischen Kirche Masurens. 2016 wurde ihm die Ehrendoktorwürde der Universität Ermland-Masuren verliehen. Als Ehrenbürger starb Erwin Kruk 2017 in Allenstein.

Kruks Biografie geriet in den unheilvollen Strom der europäischen Geschichte. Als Waisenkind im Nachkriegspolen entfernte er sich erzwungenermaßen von seinen kulturellen und sprachlichen Wurzeln. Er musste sich ohne seine deutschen Eltern in einem Land zurechtfinden, das Deutschland nur als Besatzungs- und Terrorherrschaft kennengelernt hatte. Er vergaß seine Muttersprache weitgehend und begann seine schriftstellerische Laufbahn auf Polnisch. Lange Zeit musste er dabei auch seine Herkunft verleugnen und saß zwischen allen Stühlen. Ihm war es wichtig, in seinem literarischen Werk – ob in Lyrik oder Prosa – an Masuren und seine einstigen Menschen zu erinnern. »Ich gehöre zu der letzten Generation, die auf dem krummen Rücken die masurische Last trägt. Mein Land der Kindheit setze ich mühsam aus den Krümeln einer zerbrochenen Welt zusammen«, sagte Erwin Kruk über sich selbst. Das Schicksal seiner Landsleute machte er zu seinem eigenen, denn Masuren besaß in seiner gesamten Geschichte nie eine Lobby.

Auch nach 1945 waren die Masuren nur Bürger zweiter Klasse. Ihre Anliegen fanden nirgendwo Verständnis, ihre Klagen blieben ungehört. Systematisch wurde ihnen ihre angestammte Heimat zur Fremde gemacht. Die Tragödie schien unabwendbar. Nachdem Willy Brandt mit seiner neuen Ostpolitik die Aufnahme diplomatischer Beziehungen mit der Volksrepublik Polen ermöglicht hatte, setzte die letzte große Ausreisewelle der verbliebenen Masuren ein. Als Helmut Schmidt und Edward Gierek am Rande der Helsinki-Konferenz 1975 gegen einen deutschen Milliardenkredit bessere Ausreisebedingungen aushandelten, stieg die Zahl noch einmal an. Nach Abschluss der Ostverträge bis zum Ende der kommunistischen Ära in Polen 1989 reisten 55 227 Masuren und Ermländer in die Bundesrepublik aus. Es gab kein Halten mehr, was schließlich ein Historiker aus Sicht eines Polen zynisch mit den Worten »Wir haben Masuren und Ermland, und ihr habt die Masuren und Ermländer« kommentierte.

Erwin Kruks literarische Schaffensperiode begann in den Sechzigerjahren inmitten des großen Exodus seiner Landsleute. Auch ihm gelang es nicht, mit den wenigen verbliebenen Masuren, die sich öffentlichkeitswirksam für ihre Leute engagierten, den Ausreiseprozess in die Bundesrepublik zu stoppen. Im Herbst 1980 bemühten sich einige masurische Intellektuelle, in einem letzten Kraftakt das Ruder noch einmal herumzureißen und zu retten, was noch zu retten war. Die beantragte Registrierung eines masurischen Kulturvereins wurde vom kommunistischen Staat abgelehnt. Dabei mussten die polnischen Masurenfunktionäre, die selbst lange genug der Ideologie der »befreiten polnischen Brüder« anhingen, selbstkritisch eingestehen, dass auch sie großen Anteil an der masurischen Tragödie hatten. Ihre intellektuellen Dispute vermochten die Situation ihrer masurischen Landsleute nicht zu verbessern.

Was bleibt – und das wird in Kruks Prosa und Lyrik deutlich – ist die Dokumentation des unwiederbringlich Verlorenen. 1989 erschien seine *Chronik aus Masuren*, ein Roman, der eigentlich sein Leben erzählt. Darin blieb Erwin Kruk nur noch, in Gedichtform die Tragödie Masurens als Abgesang zu fassen. Davon kündet *Aus dem Land der Verstorbenen*.

Unser Gesang
Nur noch im Kirchengesangbuch,
Und die Kirchengesangbücher – in den Händen Verstorbener.
Wir träumten von Freiheit
Und alles erfüllte sich
In der Musik des Sandes:
Unsere Gräber
Senkten sich über uns.

Gräser
Überwucherten Friedhöfe.
Doch hinter jenen, die gegangen sind,
Sind die Tore noch nicht geschlossen.
Und niemand beklagt sich,

Wo unser Land ist.
Konnten wir hier irgendwann leben?
Hier, wo man nach unserem Leben
Die Spuren verbrennt?
[...]

Wir, die letzten der Lebenden,
Heimlich, damit unsere Lebenssünde
Nicht ans Tageslicht kommt,
Sterben leise und lange in dieser Gegend.
Soviel blieb uns vom Vaterland,
Wo durch Wiesen Wasser fließen
Und Bäume sich über Seen neigen.
Dort waren unsere Häuser und Wolken, und der Gesang.
Dort knarren noch manchmal Türen,
Plötzlich geweckt durch den flüchtigen Wind.

Im Geist von Erwin Kruk können auch Sie sich Masuren erlesen, wofür es ein geschultes Auge braucht. Dann erkennen Sie mitten in der Landschaft, sogar in einem jungen Wald, plötzlich Flieder oder Obstbäume. Es sind untrügliche Zeichen von alten Hofstellen, die einst fernab der Dörfer über die Gemarkungen verstreut waren. Man nannte diese Bauernhöfe im ostpreußischen Dialekt *Abbauten*. Viele von ihnen wurden im Krieg zerstört oder später verlassen, weil sie zu einsam lagen. Die Natur hat sich diese Ruinen zurückgeholt. Aufmerksame Augen jedoch erkennen die Reste menschlicher Besiedlung. Manchmal lassen sich Fundamente oder gar Kellergewölbe entdecken.

Das gilt vor allem für alte Friedhöfe aus deutscher Zeit, die es natürlich in jedem Dorf gab und von denen Erwin

Kruk in seinem Gedicht sprach. Sie liegen meistens am Dorfrand. Manchmal erinnert noch ein altes schmiedeeisernes Tor, ein verwitterter Zaun daran, manchmal sind es einzelne Grabsteine oder die exotische Vegetation mitten im Wald, etwa Lebensbäume oder Flieder. An Allerheiligen, wenn ganz Polen seine Toten besucht, brennen auch auf den einsamen Friedhöfen der alten Masuren rot leuchtende Kerzen, aufgestellt von Nachbarn, Dorfbewohnern oder Schulklassen. Vielleicht werden auch Sie zu Archäologen, wenn Sie bei Wanderungen oder bei einer Fahrradtour jene alten Gottesäcker aufspüren, deren Grabeinfassungen, Eisenzäune und Grabsteine überdauert haben. Auf manchen Grabsteinen sind die deutschen Inschriften noch zu lesen, die vom harten Leben der einstigen masurischen Dorfbewohner künden.

Kazimierz Brakoniecki, Ernst Wiechert und Erwin Kruk verstehen, Masuren und seine Bewohner, die hier lebten und leben, zu lesen, und erzählen in ihren Werken davon, auf ganz unterschiedliche Art und Weise. Die Vielfalt der Literatur baut jene Brücke, die nationale Mauern einreißt und mentale Grenzen überwindet – zum Glück.

CIA oder Die verlorene Unschuld der masurischen Wälder – Teil eins

Wenn Sie von Berlin Richtung Osten aufbrechen, fahren Sie bald hinter der polnischen Grenze auf einer Highspeed-Autobahn bis weit hinter Posen. Masuren scheint im Temporausch auf einmal ganz nah. Dann kommt jedoch die böse Überraschung, denn irgendwann müssen Sie die supermoderne Trasse verlassen, weshalb Sie acht bis zehn Autostunden bis Masuren benötigen. Die Strecke über kleinere Straßen zieht sich, durch Thorn oder Płock, über die Weichsel. Auf überlasteten Überlandstraßen vorbei an Lkw-Kolonnen scheint das Ziel zwischenzeitlich unerreichbar.

Mit der Bahn bleibt die Anreise ähnlich schwierig. Allerdings erlebt die polnische Schieneninfrastruktur gerade eine rasante Entwicklung. Überall künden Baustellen davon, dass schnellere Verbindungen zum Greifen nah scheinen. Bislang bringt Sie zwar der Berlin-Warszawa-Express komfortabel und vor allem schnell von Berlin bis Posen, dort müssen Masurenreisende jedoch umsteigen.

Die Bahnstrecke führt weiter über Gnesen und Inowrocław nach Thorn, von dort Richtung Nordosten mit dem Ziel Allenstein. Nach aktueller Auskunft der Deutschen Bahn beträgt die kürzeste Verbindung von Berlin-Hauptbahnhof nach Allenstein 8 Stunden und 50 Minuten, mit einem Zwischenaufenthalt.

Dort angekommen, sind Masurenreisende jedoch noch nicht am Ziel. Viele Bahnstrecken im einstmals engmaschigen Streckennetz wurden in den letzten dreißig Jahren leider stillgelegt. In den Neunzigerjahren konnte ich noch auf Trassen fahren, die fast in Zeitlupe die herrliche Landschaft an mir vorbeiziehen ließen. Früher verfügten selbst kleine Dörfer über eigene Bahnstationen, an denen heute nur noch die schönen Gebäude von einem goldenen Eisenbahnzeitalter künden.

Einige Städte wie Ortelsburg, Lötzen, Neidenburg, Osterode oder Hohenstein lassen sich gut per Bahn erreichen. Andere hingegen werden selten angefahren, wie Johannisburg. Nach Lyck müssen Sie von Allenstein gegenwärtig mindestens zweieinhalb Stunden Fahrtzeit einrechnen. Eine gute Alternative stellen die staatlichen PKS-Buslinien dar, die direkt am Allensteiner Hauptbahnhof abfahren, am Dworzec autobusowy, kurz Dworzec PKS. In alle Himmelsrichtungen fahren sie mit ihren ausgeklügelten Fahrplänen. Für eine Reise von und nach Warschau stellen Busse gleichfalls eine echte Alternative zur Bahn dar. Busse und Bahnen bringen eine echte Entschleunigung, weil man mitunter viel Zeit braucht.

Besucher des 21. Jahrhunderts fragten jedoch oft zu Recht: Wo ist hier der nächste Flughafen? Lange Zeit war ein Kurzurlaub oder ein langes Wochenende von Deutschland aus zeitlich kaum machbar. Die nächsten Flughäfen lagen in Warschau und Danzig, beide mindestens 200 Kilometer vom Ziel entfernt und jeweils mit einer mehrstündigen Weiterreise verbunden.

Endlich jedoch hat das Jammern ein Ende, denn Masuren verfügt mittlerweile über einen eigenen internationalen Flughafen – in Szymany. Sie können also per Flugzeug anreisen, bislang aber nur von exakt vier Flughäfen: Krakau, Dortmund, London-Luton und London-Stansted. Mit einem neuen Regionalzug erreichen Sie dann in 57 Minuten die Regionalmetropole Allenstein. Die Entstehungsgeschichte war zäh und quälend. Was lange Zeit nach einer Investitionsruine aussah und viele Bauskandale er- und überlebte, konnte im Januar 2016 endlich den Flugbetrieb aufnehmen.

Szymany liegt zehn Kilometer südlich der Kreisstadt Szczytno (Ortelsburg). Einst hieß der kleine Flughafen deshalb Szczytno–Szymany, seit 2016 trägt der moderne Airport den Namen Olsztyn-Mazury. Das Dorf Szymany, auf Deutsch Groß Schiemanen, liegt etwa sechzig Kilometer südöstlich von Olsztyn. Der Flughafen, so sagt es Wikipedia, sei in den Fünfzigerjahren als Militärflughafen errichtet worden. Das jedoch stimmt nicht, denn die Planungen reichen bereits in deutsche Zeit zurück, als die Wehrmacht im damals ostpreußischen Masuren einen Flughafen plante. Das polnische Militär überließ 1996 mit einem Leasingvertrag den Flughafen einem zivilen Betreiber, der bis 2003 regelmäßige Verbindungen nach Warschau und in verschiedene Städte Deutschlands anbot. Doch endete die Betreiberfirma Porty Lotnicze Mazury-Szczytno mit einem Bankrott im Jahr 2004.

Nachdem es kurze Zeit still geworden war um die Flughafenruine, kamen 2005 unheimliche Details ans

Licht. Medien berichteten darüber, dass Szymany zeitweise als internationale Drehscheibe der amerikanischen Geheimdienste gedient hatte. Nach den Anschlägen vom 11. September 2001 auf das New Yorker World Trade Center und das Pentagon in Washington jagte der CIA weltweit nach den islamistischen Tätern. Nachdem diese ergriffen werden konnten, flog das US-Militär zwischen 2002 und 2005 hochrangige Al-Qaida-Mitglieder mit Charterflügen nach Szymany. Diese Flugzeuge legten hier auf dem Weg von Kabul nach Guantanamo Bay mehrfach einen Zwischenstopp ein. Das alles unterlag strengster Geheimhaltung, erfolgte aber mit Billigung der polnischen Regierung. Vom Flughafen brachte man die Gefangenen in das nahe gelegene militärische Sperrgebiet der polnischen Armee in Stare Kiejkuty. Dort befand sich ein vom CIA unterhaltenes Geheimdienstcamp, wo man Terrorverdächtige verhörte und auch folterte.

Auf erste Hinweise hin startete das Europäische Parlament eine Untersuchung. Diese ergab, dass mindestens elf Flüge über den kleinen masurischen Flughafen abgewickelt worden waren, deren Flugdaten nicht aufbewahrt oder zerstört wurden bzw. an einem ungenannten Ort aufbewahrt werden. Der Untersuchungsbericht meldete nach Angaben der örtlichen Flughafenaufsicht sechs Flüge in den Jahren 2002 und 2003, in denen Gulfstream-Chartermaschinen unter Umgehung der üblichen Einreiseformalitäten gelandet seien. Das ist Stoff für einen Geheimdienstroman, dachte ich lange, jedoch handelt es sich um wahre Begebenheiten. Die Flugzeuge waren von Militärfahrzeugen aus Stare Kiejkuty erwartet worden. Die *New York Times* berichtete im Juni 2008 unter Berufung auf Angaben eines CIA-Offiziers, dass sogar Khalid

Scheich Mohammed, der geistige Drahtzieher der Anschläge vom 11. September 2001, über Szymany nach Stare Kiejkuty gekommen war, wo man ihn verhört und mit Waterboarding gefoltert hatte.

Am 14. Dezember 2014 deckte die britische *Daily Mail* einen weiteren Skandal auf. Die ehemalige Flughafendirektorin Mariola Przewlocka sagte aus, dass ihr der CIA über anonyme Stellen die sechsfache Landegebühr bezahlt habe mit der Bitte, »in die andere Richtung zu schauen«, wenn die Flugzeuge ankamen. Abgedunkelte Limousinen hätten bei diesen Flügen, die immer erst kurz zuvor angekündigt wurden, die Passagiere abgeholt und nach Stare Kiejkuty gebracht. Das Flughafenpersonal war nicht befugt, sich dem Flugzeug zu nähern, internationale Fluggesetze wurden außer Kraft gesetzt.

Der Codename für Szymany lautete »Detention Site Blue«. Die Operation begann Ende 2002, als erste Terrorverdächtige eintrafen und ins Militärcamp transportiert wurden. Später kamen größere Flugzeuge, für die die Landebahn kaum ausreichte, darunter am 22. September 2003 eine Boeing 737 aus Kabul. Alle Gefangenen wurden später nach Guantanamo überführt. Der Europäische Gerichtshof für Menschenrechte verurteilte 2014 die Regierung in Warschau zur Zahlung von 230 000 Euro, die sie an zwei Al-Quaida-Verdächtige entrichten musste, die vom CIA gefoltert worden waren.

Das sind Geschichten, die so gar nicht in die masurische Landschaft passen wollen. Der Ort Stare Kiejkuty – zu Deutsch Alt Keykuth –, an den die Inhaftierten gebracht wurden, hat eine lange Tradition geheimdienstlicher Aktivitäten. Wenn Sie auf der Straße 58 von Ortelsburg

Richtung Johannisburg den kleinen Ort Stare Kiejkuty passieren, der sich idyllisch in die hügelige Seenlandschaft schmiegt, können Sie noch heute an den Ortsschildern die alten Postenhäuschen entdecken. Zu Zeiten der kommunistischen Volksrepublik befand sich nordöstlich des Ortskerns hinter kilometerlangen Zäunen und Warnschildern die Kaderschmiede des polnischen Geheimdienstes.

Auf den Landkarten existierte nur ein weißer Fleck. Jetzt jedoch kann man diesen Ort auf Google Maps ausmachen, unter der immer gleichlautenden Adresse: Militärische Einheit 2669 (Jednostka Wojskowa 2669). Bis vor wenigen Jahren galt im Dorf und seiner Umgebung ein striktes Fotografierverbot. Bereits die Nationalsozialisten hatten sich in den hiesigen Wäldern verschanzt. Der Sicherheitsdienst des Reichssicherheitshauptamtes und die Abwehr im Oberkommando der Wehrmacht errichteten in Alt Keykuth einen militärischen Sperrbezirk. Heute bildet man hier eine neue Agentengeneration aus – im Schulungszentrum des Auslandsgeheimdienstes Agencja Wywiadu, dessen Existenz aber zum Glück nicht mehr so geheim ist.

Hitlers Mückenloch oder Die verlorene Unschuld der masurischen Wälder – Teil zwei

Als ob das nicht genug wäre, tun sich unter den Baumkronen masurischer Wälder weitere Abgründe auf. Schon führende Nationalsozialisten hatten den ostpreußischen Wäldern ihre Unschuld genommen. Um sich ein Bild davon zu machen, müssen Sie von Alt Keykuth 74 Kilometer in nordöstliche Richtung fahren, durch die Städte Sensburg und Rastenburg. Hinter Rastenburg erreichen Sie nach wenigen Kilometern in östlicher Richtung jenen Ort, dessen Entstehung mit Massenmord und Krieg verbunden ist: die Wolfschanze. Von hier aus leitete Adolf Hitler in seinem Hauptquartier den nationalsozialistischen Vernichtungskrieg im Osten, neben der Hauptstadt Berlin stellte der Ort die zweite Leitzentrale des sogenannten Dritten Reiches dar.

Dieser Umstand war eigentlich überraschend, denn der gebürtige Österreicher aus Braunau am Inn hatte für den Osten herzlich wenig übrig. Das hielt ihn und seine Gefolgsleute allerdings nicht davon ab, schon früh eine

Ideologie von neuem Lebensraum zu basteln, die ausgerechnet den Osten des europäischen Kontinents ins Visier nahm.

Arno Surminski schrieb in seinem Roman *Jokehnen oder Wie lange fährt man von Ostpreußen nach Deutschland?* über Adolf Hitlers Bild vom Osten: »Sie hat ihm nicht gefallen, diese Weite Ostpreußens, in der Marschschritte endlos verwehten. Das erschien ihm alles zu slawisch, zu verkommen, zu geschichtslos. Sein Herz stand ihm nach Süden, Westen und Norden, nur der gequälte Verstand zwang ihn, im Osten die Erde aufzuwühlen und in die ungewohnte Weite zu marschieren. Es war nur eine Frage des Echos. Dieser Mann des Südens kannte den langen Weg des Echos in den östlichen Weiten nicht. Und so schrie und schrie er Millionen Menschen in den Osten hinaus und horchte vergeblich auf eine Antwort. Oh, das Echo hatte einen langen Weg, aber als es zurückkehrte, zersprangen manche Ohren.«

Rastenburg war bis zu diesem Zeitpunkt eine ehrwürdige, aber zugleich verschlafene Kleinstadt, benannt nach der gleichnamigen Burg des Deutschen Ordens. Noch heute dominiert die gotische Stadtkirche Sankt Georg die Silhouette über dem Flüsschen Guber. Ihr gewaltiger Turm von 48 Metern war einst Teil der mittelalterlichen Stadtbefestigung. Hinter dem Chor liegt die kleinere Johanneskirche, die einst im Gegensatz zur Hauptkirche, der »Deutschen Kirche«, unter dem Namen »Polnische Kirche« bekannt war, weil sie für die polnischsprachige Bevölkerung – die Masuren – aus der Umgebung zuständig war. Die St.-Johannes-Kirche ist heute die einzige evangelische Kirche, während Sankt Georg 1945 ein katholisches Gotteshaus wurde, das 1999 vom polnischen

Papst Johannes Paul II. den Titel einer Basilika verliehen bekam.

Darüber hinaus gab es das, was eine preußische Kreisstadt ausmachte: ein renommiertes Gymnasium, eine Garnison, eine Brauerei und eine Zuckerfabrik. Im historischen Bahnhofsgebäude hat das städtische Museum, dessen Hauptsitz sich in der ehemaligen Burg befindet, eine schöne Ausstellung zur Eisenbahngeschichte Rastenburgs geschaffen. Heute zählt Kętrzyn 27 000 Einwohner, das 1946 nach Wojciech Kętrzyński benannt wurde. Der Historiker kam hier 1838 als Adalbert von Winkler zur Welt. Während seines Geschichtsstudiums an der Königsberger Universität entdeckte er seine polnische Identität, wechselte wenig später bewusst die Nationalität und nahm einen polnischen Namen an. Er starb 1918 als Direktor der bekannten Kunstsammlung Ossolineum im galizischen Lemberg. Bis heute wird Wojciech Kętrzyński als »Vorkämpfer des Polentums« verehrt. Gut 17 000 Bewohner zählte die Kleinstadt bei Kriegsausbruch 1939, als die deutsche Regierung im fernen Berlin entschied, den hiesigen Stadtwald für eine Befehlszentrale ihres Vernichtungskrieges im Osten zu nutzen.

Wo bis dahin die Rastenburger heitere Wochenenden verbracht hatten, bei Spaziergängen, Badefreuden oder Einkehr im beliebten Kurhaus, entstand im Sommer 1940 Hitlers geheime Kommandozentrale. Die von den Planern auserwählte Stelle lag wenige Kilometer östlich der Kreisstadt Rastenburg im Waldgebiet der Görlitz. Das Hauptquartier, für das Hitler selbst den Namen Wolfschanze wählte, war über Carlshof und Schwarzstein zu erreichen und lag in der Nähe von Moy- und Zeisersee. Ab 1940 folgte nach wenigen Hundert Metern militärisches Sperrgebiet. Für Unbefugte blieb das Geschehen hinter acht Kilometern Stacheldraht und Postenketten verborgen.

Der Ort erwies sich als strategisch günstig. Zum einen gehörte das Hauptquartier zum Deutschen Reich, lag jedoch nahe dem geplanten Kriegsschauplatz im Osten. Zugleich verfügte das ostpreußische Rastenburg über eine moderne Infrastruktur wie auch eine direkte Verbindung per Bahn und Flugzeug in die Hauptstadt Berlin. Eigens für die Wolfschanze wurde die Bahnstrecke Rastenburg-Angerburg für den zivilen Bahnverkehr gesperrt und zusätzlich ein Bahnhof am bestehenden Haltepunkt Forst Görlitz errichtet. An diesem Bahnhof kamen internationale Gäste Hitlers an. Einen Sportflugplatz, benannt nach dem nahe gelegenen Vorwerk Wilhelmsdorf, nutzte man nach einer Erweiterung der Landebahn für das »Führerhauptquartier«. Damit war Berlin in kürzester Zeit erreichbar. Heute existiert der kleine Flughafen wiederum für Sportflieger unter dem Namen Kętrzyn-Wilamowo.

Das dichte Waldgebiet der Görlitz diente als natürliche Tarnung vor Luftangriffen, Sümpfe und Seen boten zudem ein Hindernis gegen Bodentruppen. Die Bauarbeiten führte die Organisation Todt unter dem Decknamen »Chemische Werke Askania« durch. Sie fanden unter strengster Geheimhaltung statt. Selbst die einheimische Bevölkerung hatte zunächst keine Ahnung, was sich im Stadtwald abspielte. Hitler ordnete persönlich an, dass sein Hauptquartier bis Frühjahr 1941 fertiggestellt sein müsse, weshalb Tag und Nacht gearbeitet wurde.

Von hier befehligte Hitler mit seiner Entourage ab dem 22. Juni 1941 den als »Unternehmen Barbarossa« getarnten Eroberungs- und Vernichtungskrieg gegen seinen Bündnispartner Sowjetunion. Von diesem Zeitpunkt an hielt sich Hitler fast ununterbrochen in den Wäldern Ostpreußens auf, bis Ende 1944. Genauer gesagt, lebte der Diktator fast ein Viertel seiner Herrschaft in diesem als Mückenloch verschrienen Hauptquartier, in monströsen Bunkeranlagen aus meterdickem Beton und Stahl. Das Gelände der Wolfschanze umfasste 250 Hektar und 800 Hektar Wald. Es war eine geheime Kleinstadt mit etwa zweitausend Menschen mitten im Wald. Das Gelände war in mehrere Sperrkreise aufgeteilt, die von einem ausgeklügelten Postensystem bewacht wurden, aus Angst vor Luftangriffen ab 1943 verstärkt durch weitere Bunkeranlagen.

Um die Wolfschanze ranken sich viele Legenden. Bis heute tue ich mich schwer mit diesem Ort, selbst damit, an dieser Stelle über ihn zu schreiben. Das liegt nicht nur an seiner historischen Funktion, sondern vor allem an seiner heutigen Nutzung. Besuche von schrecklichen historischen Stätten wie dieser bedeuten eine schwierige Gratwanderung, nämlich wie dieser Ort einzuordnen ist. Vor allem geht es darum, nicht der Versuchung zu erliegen, ins Anekdotische zu verfallen, sondern die Wolfschanze in ihrer Monstrosität als Teil einer gigantischen Vernichtungsmaschinerie zu begreifen.

Zweifellos hatte dieser Ort einen Alltag, der heute bizarr anmutet. Während Hitler von hier aus die Vernichtung von Millionen Menschen befehligte, sorgte er sich um das Wohl der Frösche. Das ist kein Scherz. Als die Mückenplage im Sommer zu groß wurde, goss man Hunderte Liter Petroleum in die umliegenden Pfützen und Tümpel, berichtete Hitlers Chefpilot. Auf einmal wurde es still, doch nicht die Mücken verschwanden, sondern die Frösche waren verstummt. Das ausbleibende Froschkonzert blieb Hitler nicht verborgen, weshalb er bei seinem Stab nachfragte. Dessen Erklärung löste bei ihm einen Tobsuchtsanfall aus, sodass er anordnete, die mit Petroleum verseuchten Tümpel zu säubern und mit neuen Fröschen zu besetzen.

Dieser Hochsicherheitstrakt fern dem Obersalzberg in den bayerischen Bergen sollte Hitlers größtes Hauptquartier werden. Für die nationalsozialistische Ideologie vom »Lebensraum im Osten« und dem »jüdischen Bolschewismus« rissen die Deutschen von hier aus einen ganzen Kontinent ins Verderben. Die Vertreter der mit Deutschland verbündeten Achsenmächte gaben sich die Klinke in die Hand, um Hitler ihre Aufwartung zu machen. Italiens »Duce« Benito Mussolini kam erstmals im August 1941 nach Ostpreußen. Überliefert sind Fotos vom Bahnhof Görlitz im Rastenburger Stadtwald, an dem die Staatsgäste mit ihren Sonderzügen im »Mückenloch« eintrafen.

Es war ein heißer Sommertag, jener 20. Juli 1944, ein Donnerstag, als sich das bislang geheime Mückenloch der Naziclique in die Geschichtsbücher einschreiben sollte. Spätestens der Hollywoodstreifen *Operation Walküre* aus dem Jahr 2008 hat den Ort weltweit bekannt gemacht. In seiner Rolle als Oberst Claus Stauffenberg spielt Tom Cruise den Attentäter. In der Wolfschanze fand das Attentat auf Hitler statt, das – zu spät – die Kriegswende hätte bringen können. Militärisch stand es schlecht, und der Krieg kam nach Deutschland zurück. In diesem Augenblick rückte Ostpreußen ins Zentrum des Weltgeschehens. Durch die »Operation Walküre« sollte Hitler von hochrangigen deutschen Militärs ausgeschaltet und der Weg frei gemacht werden für einen Staatsstreich.

Vom Militärflughafen Rangsdorf bei Berlin flog Stauffenberg am Morgen mit einer Heinkel-Maschine nach Ostpreußen, wo er bereits gegen 10.35 Uhr an der westlichen Wache eintraf. Anders als geplant gab es jedoch Terminverschiebungen, die die ursprünglichen Pläne der Attentäter durchkreuzten. Stauffenberg gelang es nur, eine der beiden Sprengstoffladungen zu platzieren, die er mit einem Zeitzünder versah. Gegen 12.42 Uhr explodierte die Bombe während einer Lagebesprechung, an der 24 Personen teilnahmen. Nach der gewaltigen Detonation gab es Tote und Verletzte, aber 19 Personen überlebten, darunter Hitler. Stauffenberg konnte gemeinsam mit seinem Adjutanten Werner von Haeften unbemerkt das Hauptquartier verlassen und nach Berlin zurückfliegen. Beide waren zu diesem Zeitpunkt in dem Glauben, Hitler sei bei dem Anschlag getötet worden.

Unmittelbar nach dem Attentat setzte sich die Nachrichtenmaschinerie in Bewegung. Bereits zwanzig Minuten später hatte man Propagandaminister Goebbels in Berlin über das fehlgeschlagene Attentat informiert. Der NS-Führung war klar, dass es sich um eine Verschwörung bis in höchste Dienststellen gehandelt haben musste. Am späten Abend verhafteten Hitlers fanatisch ergebene Wehrmachtseinheiten unter dem berüchtigten Otto Ernst Remer den engen Kreis um Stauffenberg. Noch in derselben Nacht verurteilte ein Standgericht im Bendlerblock den engen Kern der Widerstandsgruppe zum Tod. Claus Schenk Graf von Stauffenberg starb mit seinen Kameraden unter den Kugeln eines Erschießungskommandos genau in dem Hof, wo heute die Gedenkstätte

Deutscher Widerstand an sie erinnert. Insgesamt 104 Todesurteile wurden bis Kriegsende vollstreckt, zudem nahm man ganze Familien der Widerständler in sogenannte Sippenhaft.

In der Wolfschanze sollte nach außen Normalität gezeigt werden. Deshalb empfing Hitler wie geplant Mussolini am späten Nachmittag des 20. Juli auf dem Bahnhof Görlitz. Merkwürdige Bilder zeigen Hitler in einem Regenumhang; es hatte zu regnen begonnen. Noch in der Nacht sprach er im Rundfunk, um den Deutschen mitzuteilen, dass er überlebt habe. Zugleich forderte er Rache gegen die »ganze kleine Clique ehrgeiziger, gewissenloser und zugleich unvernünftiger, verbrecherisch-dummer Offiziere«, die ein Komplott geschmiedet hätten, um ihn zu ermorden. »Ich selbst bin völlig unverletzt«, versicherte er der Welt, die für einen kurzen Augenblick den Atem anhielt. Und er fabulierte weiter: »Welches Schicksal Deutschland getroffen hätte, wenn der Anschlag heute gelungen sein würde, das vermögen die wenigsten sich vielleicht auszudenken.« Das bleibt tatsächlich Spekulation, aber vielleicht wäre das grausame Endkapitel von Völkermord und Vernichtung früher zu einem Ende gekommen. Hitler dankte der »Vorsehung« für seine Rettung, die ihm ermögliche, »in meiner Arbeit weiter fortzufahren, so gut ich das mit meinem Gewissen und vor meinem Gewissen verantworten kann«.

Wie es um Hitlers Gewissen stand, wissen wir. Mit umso größerem Hass setzte er sein Vernichtungswerk fort. Genau vier Monate nach dem missglückten Attentat, am 20. November 1944, verließ Hitler um 15.15 Uhr mit einem Sonderzug die Wolfschanze Richtung Berlin, als sowjetische Truppen bereits an der östlichen Landesgrenze in Ostpreußen standen. Am 24. Januar 1945 sprengten Einheiten der Wehrmacht die Bunkeranlagen.

In der Nähe des Führerhauptquartiers hatten sich auch andere NS-Größen eingerichtet, um Hitler in seiner Kommandozentrale möglichst nahe zu sein. Am Mauersee lag das Oberkommando des Heeres (OKH) Mauerwald. SS-Chef Heinrich Himmler residierte in einem Waldstück bei Großgarten. Sechzig Kilometer entfernt Richtung Osten hielt Reichsfeldmarschall Hermann Göring in der Rominter Heide Hof, wo der leidenschaftliche Jäger im ehemaligen kaiserlichen Jagdhaus internationale Gäste empfing.

Vierzehn Kilometer nordöstlich der Wolfschanze, am Ufer des Mauersees gelegen, ließ sich der wegen seiner Eitelkeit verrufene Außenminister Joachim von Ribbentrop nieder. Es war aber kein beliebiger Ort, den der Topdiplomat der Nationalsozialisten für sein Quartier requirieren ließ. Hochherrschaftlich residierte er in einem Seitenflügel von Steinort, das der Familie Lehndorff gehörte. Das Barockschloss war nicht nur das Zuhause einer Adelsfamilie, sondern – was die Lage so dramatisch machte – sein letzter Besitzer gehörte zum Widerstand gegen Hitler: Heinrich Graf von Lehndorff. Als Oberleutnant der Reserve fungierte er als Kontaktperson für die »Operation Walküre« zum ostpreußischen Wehrkreis I in Königsberg. Zum Zeitpunkt des Attentats war Lehndorff vom Militärdienst beurlaubt, um seinen aus kriegswirtschaftlichen Gründen wichtigen landwirtschaftlichen Großbetrieb zu führen.

Das Zusammenleben mit einer großspurigen NS-Größe unter einem Dach blieb für die Familie ambivalent. Nichts durfte den Anschein erwecken, dass Lehndorff insgeheim an einem Staatsstreich beteiligt war, was angesichts der erzwungenen Hausgemeinschaft denkbar schwierig war. Zugleich bot Ribbentrops Aufenthalt einen gewissen Schutz, denn niemand würde annehmen, dass am selben Ort ein Umsturz mit geplant wurde. Ribbentrop ließ in seinem Trakt große Umbaumaßnahmen durchführen, seine Badewanne wurde extra per Flugzeug aus Berlin eingeflogen. Allem Anschein nach versuchte sich Ribbentrop, seine eigene Unsicherheit auf dem gesellschaftlichen Parkett durch den Glanz einer ostpreußischen Grafenfamilie zu veredeln, weshalb er sich bei den Lehndorffs gern selbst zum Abendessen einlud.

Das sollte sich mit dem Attentat auf Hitler am 20. Juli 1944 schlagartig ändern. Lehndorff flog als Mitverschwörer im Rahmen der »Operation Walküre« auf und wurde unmittelbar nach dem Attentat verhaftet. Während seiner Inhaftierung in Königsberg gelang es ihm, seiner Ehefrau Gottliebe mithilfe von Gewährsleuten einen Brief zukommen zu lassen. In diesen Zeilen vom 31. Juli schrieb Heinrich Lehndorff: »Heute sehe ich erstmals kleine, weiße Wölkchen ganz schnell über mein Fenster in Richtung nach Steinort huschen und jedem gebe ich liebe Gedanken und ein sehr banges Sehnen an Dich mit.«

Am 8. August erfolgte überraschend seine Überstellung per Sonderzug von Königsberg nach Berlin, wo er in die berüchtigte Gestapozentrale in der Prinz-Albrecht-Straße verbracht werden sollte. In einem unbemerkten Augenblick gelang Lehndorff die Flucht. Im gesamten Reich wurde nach ihm gefahndet, 5000 Reichsmark Belohnung setzte man für seine Festnahme aus. Am 14. August ergriff man ihn in der Nähe eines Forsthauses in der Feldberger Seenplatte.

Zurück in Berlin, fand am 4. September das Verfahren gegen fünf Verschwörer vor dem Berliner Volksgerichtshof statt, von dem keine Aufzeichnungen überliefert sind. Das Todesurteil wurde gegen 14 Uhr verkündet, worauf die Verurteilten, unter ihnen Heinrich Graf von Lehndorff, in das Berliner Gefängnis Plötzensee transportiert wurden. Innerhalb von vier Minuten richtete der staatliche Henker alle fünf Verurteilten am Galgen hin. Lehndorff hinterließ seine junge Frau Gottliebe und vier Kinder, das jüngste am Tag seiner Hinrichtung 19 Tage alt. Sie galten als »Verräterfamilie« und wurden gemeinsam mit anderen Familien von den Nationalsozialisten in Sippenhaft genommen.

Anlässlich seines 100. Geburtstages enthüllten Familie, Freunde und Förderer am 22. Juni 2009 in Steinort einen Gedenkstein für Heinrich Lehndorff. Als Ende des 17. Jahrhunderts Ahasverus Gerhard Lehndorff vom römisch-deutschen Kaiser Leopold I. die Reichsgrafenwürde verliehen bekam, begann der Bau des heutigen Schlosses. Ein magischer Ort, wenn auch die Zukunft des Schlosses mehr als dreißig Jahre nach der Wende immer noch offen ist. Nach langem Hin und Her wurde es 2009 von der Polnisch-Deutschen Stiftung Kulturpflege und Denkmalschutz übernommen; das Gelände mit dem Jachthafen befindet sich im Besitz einer internationalen Investmentgesellschaft.

Seitdem wurden Sanierungsarbeiten gestartet, um zunächst die Grundsubstanz des maroden Bauwerks zu sichern. Die konservatorische Grundsanierung der Lehndorff'schen Grabkapelle im Park konnte 2021 abgeschlossen werden, weitere Arbeiten stehen noch aus. Im Sommer desselben Jahres konnte im Ostflügel des Schlosses ein Café eröffnet werden, das den Namen Nona nach der ältesten Tochter des letzten Besitzers trägt. Zudem gibt es Pläne, im Rahmen der Deutsch-Polnischen Stiftung Kulturpflege und Denkmalschutz einen Ort der Begegnung zu schaffen, der unter dem Motto »SteinORT/SztynORT. GeschichtsORT und Forum für Europäischen Dialog« neue Perspektiven für diesen wunderbaren Ort erarbeiten soll. Neben einer Ausstellung im Schloss ist die Academia Masuria als Bildungs- und Begegnungsstätte geplant. Dort soll auch das Leben einer Tochter Heinrich Lehndorffs erzählt werden, des einst weltberühmten Fotomodells Veruschka. Für ein internationales Publikum war sie zum Beispiel 2006 bei ihrem Auftritt im James-Bond-Film *Casino Royale* zu sehen.

Sie sollten auf keinen Fall versäumen, Steinort zu besuchen (und vielleicht in dem wenige Kilometer entfernten Trygort im Feriendorf Mamry mit seinem Restaurant Góra Wiatrów, das einen traumhaften Seeblick hat, zu übernachten). Auf einer Landzunge am Mauersee liegt die prächtigste barocke Schlossanlage der ehemaligen Provinz Ostpreußen, von einem herrlichen Eichenwald umgeben. Die Geschichte der Lehndorffs steht stellvertretend für den adeligen Großgrundbesitz, der bis 1945 jahrhundertelang die Geschicke dieser Landschaft mitbestimmte, allerdings auch ein mitunter fragwürdiges Bild von Ostpreußen prägen sollte.

In einem ausführlichen Brief nimmt Lehndorff am Vorabend seiner Hinrichtung Abschied von seinen Liebsten. Es sind Zeilen, die das Unfassbare in Worte zu kleiden versuchen. »Du glaubst nicht, wie schwer es mir fällt, diesen Brief und damit unser letztes Gespräch zu beenden. Aber mal muß es sein! Wir werden uns über den Tod hinaus so lieb behalten, wie wir uns im Leben geliebt haben! [...] Ich habe keine Furcht, ich bin innerlich mit mir fertig, ich werde aufrecht und stolz allem entgegensehen, Gott bitten, daß er mir seine Kraft nicht entzieht, und mein letzter Gedanke wirst Du und meine Kinder sein.« Fassungslos liest man diese Zeilen fast achtzig Jahre später. Die Erinnerung an seinen Mut zeugt bis heute davon, dass die Henker und ihre Auftraggeber nicht das letzte Wort in der Geschichte hatten.

Wie das von Hitler propagierte Tausendjährige Reich versank die Wolfschanze in der Geschichte. Die polnische Verwaltung hatte lange Zeit große Schwierigkeiten, das Gelände zu sichern. Aufgrund fehlender Karten war kaum etwas über den Sperrbezirk bekannt, sodass Tausende Minen gefunden und entschärft werden mussten. In den Sechzigerjahren öffnete man das Gelände für touristische Zwecke. Die Wilczy Szaniec – wie die Wolfschanze auf Polnisch heißt – lockte bereits 1967 etwa 180 000 Besucher an. Bis heute künden die monumentalen Überreste der Bunker vom Größenwahn seiner Erbauer, ein unheimlicher und bedrückender Platz.

Nach 1989 erlebte der wichtige Erinnerungsort mitunter verstörende Entwicklungen, nachdem neue Betreiber eine Art Disneyland für Gruseltouristen etablierten. Ein Freizeitpark mit teils bizarren Angeboten richtete sich eher an Militaria-Freaks und Horrortouristen. Mittlerweile ist ein Trend zur Versachlichung erkennbar. Das liegt vor allem daran, dass die polnischen Staatsforsten das Gelände in ihre Obhut genommen haben.

Am 48. Jahrestag des Attentats, dem 20. Juli 1992, weihte man eine Tafel zum Gedenken an den Widerstandskämpfer Stauffenberg ein. Der Zeremonie wohnten drei seiner Söhne bei. Vor allem aber gibt es nun einordnende Hinweisschilder, die an diesem Ort schrecklicher Entscheidungen mit sachlichen Informationen dauerhaft zum Nachdenken anregen. Somit können die masurischen Wälder wieder einfach nur Wälder sein.

Die Wiederentdeckung der Vergangenheit

Wenn Sie nach Allenstein kommen, welches, wie Sie nun wissen, im Ermland am Flüsschen Alle liegt, warten das imposante Schloss, die mächtige Jakobi-Kirche, die Altstadt, das Rathaus und das Hohe Tor auf ihre Entdeckung. Vor allem aber erleben Sie die Stadt als quicklebendige moderne Metropole, die sich in den letzten Jahren zu einer wahren Boomtown gemausert hat. In der historischen Altstadt, die weitgehend Fußgängerzone ist, aber auch am Fluss laden wunderschöne Restaurants und Bars zum Verweilen ein. Seit 2016 ermöglicht eine moderne Straßenbahn mit drei Linien ein schnelles Vorankommen in einer Großstadt, die mit Abstand die größte Metropole in der Region und Sitz der bedeutenden Ermländisch-Masurischen Universität ist. Doch bietet die Hauptstadt der Wojewodschaft Ermland und Masuren noch ein anderes Highlight: den außerhalb der historischen Altstadt in südlicher Richtung liegenden jüdischen Friedhof.

In den Stadtchroniken ist seine Existenz bereits 1818 verbürgt. Auf rätselhafte Weise hat die Anlage die nationalsozialistische Zerstörung wie die Nachkriegszeit irgendwie überstanden. Viele Grabsteine jedoch wurden nach dem Zweiten Weltkrieg Opfer von Vandalismus. Andere wurden gestohlen, sodass kein einziger jüdischer Grabstein, auf Hebräisch *Mazewa*, erhalten blieb. Trotzdem konnte sich der ummauerte Gottesacker mit seinen alten Bäumen eine ganz besondere Würde bewahren. Das liegt vor allem daran, dass dank einer großartigen Initiative dieser Ort gerettet wurde, an dem heute an die jüdische Gemeinschaft erinnert wird, die bis in die Dreißigerjahre des vergangenen Jahrhunderts in Allenstein zu Hause war.

Die jüdische Gemeinde in Allenstein war nie groß, aber bedeutsam. Jahrhundertelang durften im katholischen Ermland keine Juden leben. Erst die preußischen Reformgesetze Anfang des 19. Jahrhunderts schufen eine rechtliche Grundlage für die Gründung einer jüdischen Gemeinde. Zu den ersten überlieferten Namen zählten 1813 die Familien Hirsch, Hirschberg, Henschel, Herrnberg, Simsonsohn, Raphaelsohn und Mendelsohn. Ab 1819 kam die Gemeinde in einem kleinen Bethaus zusammen. Schließlich erbaute sie 1877 eine repräsentative Synagoge in der Liebstädter Straße, die während der Novemberpogrome 1938 in Flammen aufging. Nach dem Ersten Weltkrieg zählte die jüdische Gemeinde 612 Mitglieder, in der Stadt lebten zu diesem Zeitpunkt etwas mehr als 38 000 Einwohner. Ihr letzter Rabbiner war Naftali Apt, der am 24. Juni 1942 gemeinsam mit den anderen verbliebenen Allensteiner Juden nach Maly Trostinez im heutigen Weißrussland deportiert und bei einer Massenerschießung ermordet wurde.

Allensteins jüdischer Gemeinde entstammen zwei Berühmtheiten, die jeweils auf ihre Weise Deutschland verändert haben: Hugo Haase und Erich Mendelsohn. Sie waren, der eine als Politiker, der andere als Architekt, frühe Weltbürger. Im 20. Jahrhundert standen sie für ein weltoffenes Deutschland, das sie noch moderner und toleranter machten. Doch dieses Deutschland dankte es ihnen nicht, sondern stellte sich gegen sie: Hugo Haase wurde ermordet, Erich Mendelsohn aus dem Land gejagt. Es mutet heute seltsam an, dass aus Allenstein gleich zwei bedeutende Menschen stammten, die ein anderes Deutschland repräsentierten und mit ihren Werten und Überzeugungen die nationalsozialistische Barbarei frühzeitig entlarvt hatten.

Über den sozialdemokratischen Politiker Hugo Haase schreibt sein Sohn Ernst in seinen Erinnerungen 1929 posthum: »Eine heitere Grundstimmung führte zu freudiger Lebensbejahung. Sein froher Zukunftsglaube ließ ihn Holprigkeit und Schmutz des Weges gegenüber der Größe des Zieles gering erachten. Die glückliche Verbindung von idealem Streben und klugem Wirklichkeitssinn, sein kritischer Optimismus, war seine beste Gabe.«

Hugo Haase kam 1863 als Sohn eines jüdischen Schuhmachers zur Welt. Nach dem Abitur studierte er Rechtswissenschaften an der Universität Königsberg und vertrat später als Rechtsanwalt Landarbeiter, Journalisten und Politiker in Verleumdungsprozessen gegen die adeligen Oberschichten. Später sprach er sich als Pazifist gegen den Ersten Weltkrieg aus. Er ist heute – leider – weithin vergessen, obwohl seine Biografie ein leidenschaftliches Plädoyer gegen Nationalismus, Antisemitismus und Hass dokumentiert. Er blieb seiner ostpreußischen Heimat lange

Jahrzehnte verbunden. In Berlin vertrat er seinen Wahlkreis Königsberg für die Sozialdemokratie im Reichstag und zählte als Fraktionsvorsitzender zeitweilig zu den bedeutendsten Vertretern der deutschen Sozialdemokratie.

Noch vor Kriegsbeginn suchte er im Sommer 1914 nach dem Attentat von Sarajevo den internationalen Schulterschluss mit anderen Kriegsgegnern. Er organisierte Antikriegsproteste und erinnerte an die gerade erst zu Ende gegangenen Balkankriege 1912/13: »Noch dampfen die Äcker auf dem Balkan von dem Blute der zu Tausenden Hingemordeten, noch rauchen die Trümmer verheerter Städte, verwüsteter Dörfer, noch irren hungernd arbeitslose Männer, verwitwete Frauen und verwaiste Kinder durchs Land, und schon wieder schickt sich die vom österreichischen Imperialismus entfesselte Kriegsfurie an, Tod und Verderben über ganz Europa zu bringen.« In dem von ihm konzipierten Aufruf der SPD vom 25. Juli 1914 heißt es weiter: »Gefahr ist im Verzuge! Der Weltkrieg droht! Die herrschenden Klassen, die Euch im Frieden knebeln, verachten, ausnutzen, wollen Euch als Kanonenfutter mißbrauchen. Überall muß den Gewalthabern in den Ohren klingen: Wir wollen keinen Krieg!«

Unter größten Anstrengungen trafen er und sein Parteifreund Karl Kautsky kurz vor Kriegsausbruch noch einmal mit dem französischen Sozialistenführer Jean Jaurès zusammen, der auch in seinem Land keine Zustimmung finden konnte. Am 31. Juli wurde Jaurès in Paris von einem Nationalisten ermordet. Überall in Europa standen die Zeichen auf Krieg.

Heute, mehr als hundert Jahre später, wird einmal mehr die Sinnlosigkeit dieses Krieges deutlich, in dem Imperien und Kolonialreiche um Vormachtstellungen und Prestige rangen. Die riesigen Soldatenfriedhöfe in Nordfrankreich, Belgien und Masuren künden davon. Heute kommen neue Kriegsschauplätze hinzu. Der russische Überfall auf die Ukraine liest sich wie eine pervertierte Fortsetzung der nationalistischen Denkmuster aus dem frühen 20. Jahrhundert. Auch 2022 bringen sie Krieg, Vernichtung und Flucht, diesmal für Millionen Ukrainerinnen und Ukrainer.

Mitten im Krieg konnte Hugo Haase der Politik seiner Partei, der SPD, unter Friedrich Ebert nicht mehr folgen, die mit ihrem Burgfrieden gegenüber den konservativen Kräften die deutsche Kriegspolitik unterstützte. Das führte zu seinem Ausschluss aus der Partei wie auch der Reichstagsfraktion, weshalb er 1917 die Unabhängige Sozialdemokratische Partei Deutschlands (USPD) gründete. In der Weimarer Nationalversammlung 1919 führte er die USPD als Fraktionsvorsitzender. Seine unnachgiebige Haltung für Frieden und Völkerverständigung ließ ihn zu einer der am meisten gehassten Persönlichkeiten der Übergangsjahre werden. Seine Zustimmung zum Versailler Friedensvertrag machte ihn gar zu einem Solitär in der deutschen Politik.

Das wurde ihm am Ende zum Verhängnis. Kurz vor seiner geplanten Reichstagsrede, in der Hugo Haase die Komplizenschaft zwischen SPD und Freikorps entlarven wollte, trafen ihn vor dem Reichstagsgebäude sechs Schüsse aus einem Revolver. Obwohl er nicht tödlich getroffen wurde, erlag er einen Monat später den Folgen einer Blutvergiftung. Nach den Ermittlungen stellte sich heraus, dass es sich um einen geisteskranken Einzeltäter gehandelt hatte. Doch standen hinter ihm Menschen, die ihn zu diesem Verbrechen ermutigt hatten. Deshalb war der Anschlag auf ihn im Herbst 1919 ein politischer Mord. Rechtsextreme Revisionisten taten alles, um das zarte Pflänzchen der deutschen Demokratie im Keim zu ersticken. Hugo Haase starb für seine Überzeugungen, ermordet vom rechtsextremen Mob.

Aus der Hauptstadt der heutigen Wojewodschaft Ermland-Masuren stammt ein weiterer Weltbürger: der Architekt Erich Mendelsohn. Seine Vision der Moderne verstand Bauen als humanistische Aufgabe. Wohnen und Arbeiten mit einem menschlichen Antlitz zu versehen, lautete deshalb Mendelsohns Maxime. Pragmatisch, hell, funktional sollte es sein, mit einer für ihn typischen expressionistischen Ästhetik stellte er das Individuum über das Kollektiv. Er schuf eine Architektur, die bis heute weltweit Bewunderung hervorruft.

Mendelsohn entstammte einer jüdischen Honoratiorenfamilie. 1887 in Allenstein geboren, absolvierte er das ortsansässige Gymnasium. Nach einer abgebrochenen Ausbildung und zwei Semestern Volkswirtschaft begann er 1908 ein Architekturstudium an der Technischen Hochschule Charlottenburg. Von Berlin aus wechselte er nach München, wo er 1912 sein Diplom als Architekt erwerben konnte. Schließlich musste er als Soldat im Ersten Weltkrieg an verschiedenen Fronten dienen. Das Kriegsende erlebte er in einem Lazarett in Bayern.

Noch 1915 hatte er die angehende Cellistin Luise Maas geheiratet, die in einer Königsberger Familie aufgewachsen war; Berlin wurde ihre gemeinsame Lebensbasis. Mit dem Potsdamer Einsteinturm, den er als Observatorium ab 1919 entwarf, gelang Erich Mendelsohn der Durchbruch. Von nun an galt er als einer der führenden Köpfe der expressionistischen Architektur, wurde Mitglied im Bund Deutscher Architekten, im Deutschen Werkbund und 1931 der Preußischen Akademie der Künste. Fortan erreichten ihn viele Aufträge, so etwa für den bis heute bekannten Erweiterungsbau des Verlagshauses Rudolf Mosse in Berlin sowie die Hutfabrik Friedrich Steinberg, Herrmann & Co im brandenburgischen Luckenwalde. Mendelsohns Architektur prägte eine ganze Ära, und bald eilte ihm auch international sein Ruf voraus. Im Berliner Westend schuf er sich am Rupenhorn sein eigenes Wohnhaus, das heute von der Erich-Mendelsohn-Stiftung betrieben wird.

Die steile Karriere in seiner Heimat sollte jäh enden. 1933 flohen die Mendelsohns zunächst in die Niederlande, von dort aus weiter nach London. In der britischen Hauptstadt arbeitete Mendelsohn weiterhin als Architekt. Ihm gelang es von London aus, ein Jerusalemer Büro zu gründen, um im Britischen Mandatsgebiet Palästina Bauprojekte zu realisieren. Dort beauftragte ihn der vor den Nationalsozialisten geflohene ehemalige Kaufhausbesitzer Salman Schocken, für den er bereits in Deutschland unter anderem die Schocken-Kaufhäuser in Chemnitz, Stuttgart und Nürnberg errichtet hatte, mit dem Bau seines Privathauses und seiner Bibliothek im Jerusalemer Stadtteil Rechavia. Es folgten die Villa in Rechovot für Chaim Weizmann, der später erster Präsident Israels werden sollte, sowie das bekannte Universitätskrankenhaus von Jerusalem auf dem Skopus-Berg.

1939 zogen Luise und Erich Mendelsohn ganz nach Jerusalem. Aus Angst vor den vorrückenden Deutschen in Nordafrika flohen sie 1941 erneut, diesmal in die USA. Im November desselben Jahres feierte das New Yorker

Museum of Modern Art Erich Mendelsohn mit einer Werkausstellung. Zu seinen neuen amerikanischen Bauprojekten zählten die Synagogen von Saint Louis, Grand Rapids, Saint Paul sowie die Park Synagogue in Cleveland. 1952 erkrankte Erich Mendelsohn an Krebs, dem er ein Jahr später in San Francisco erlag.

In einem einzigartigen Digitalisierungsprojekt wurde von der Kunstbibliothek der Staatlichen Museen zu Berlin und dem Getty Research Institute, Los Angeles, der Briefwechsel zwischen Erich und Luise Mendelsohn im Zeitraum von 1910 bis zu Erich Mendelsohns Tod 1953 erschlossen. Damit ist der in beiden Häusern getrennt aufbewahrte Nachlass weltweit zugänglich. 2700 Briefe entfalten eine wahre Schatzkammer der Zeitgeschichte vom späten Kaiserreich bis in die Nachkriegszeit, von zwei großen Persönlichkeiten erzählt und eingeordnet.

Die Passagen aus den frühen Tagen des Jahres 1933 lesen sich heute als eine Vorausnahme dessen, was der Welt bevorstehen sollte. Am 3. Februar 1933 schrieb Erich Mendelsohn seiner Frau an die Côte d'Azur, wenige Tage nach der sogenannten Machtergreifung, als sie über ihre Flucht sprachen. Er wusste in diesem Augenblick, dass für ihn und seine Familie dieses neue Deutschland bedrohlich werden würde: »Der Entschluß ist die Hauptsache. – Daraus ersiehst Du, daß ich die Entwicklung der Dinge nicht günstig beurteile und daß ich Schlimmes voraussehe, bevor die Welt sich zurechtfindet. Wir dürfen uns durch die scheinbare Ruhe nicht täuschen lassen. Das Animalische der Bewegung wird sein Lebensrecht, sein Blutrecht verlangen – ein Blick in die Gesichter ihrer Vertreter spricht von eindeutiger Grausamkeit. Man kann dem Fanatismus nicht mit Gleichgültigkeit begegnen, der Auserwähltenidee nicht mit Zuvorkommenheit, dem Rassenhaß nicht mit Verachtung. Man schließt uns aus vom Gnadentisch, von der Menschenwürde, von der Menschlichkeit. Also muß man sich freimachen und diesem Kreis den Rücken kehren.«

Der Allensteiner Erich Mendelsohn hat bis heute Architekturfans in aller Welt, seine Bauten weisen einen hoffnungsvollen Weg in die Moderne. Im Februar 1933 jedoch sah er sich ausgestoßen, obwohl er gegenüber seiner Frau Luise noch eine gewisse Zuversicht ausstrahlen mochte. Er wusste, dass die Nationalsozialisten ihn bald zu einem Flüchtling machen sollten: »Nur lassen sich Dinge nicht schneller machen, als die Umstände es zulassen. Man will nicht alles aufgeben, im Stich lassen, klammert sich immer von neuem an jedes Telephongespräch, das eine Hoffnung andeutet.« In Mendelsohns Worten liegt diese Ambivalenz zwischen Realität und Hoffnung, die alle politisch Andersdenkenden und rassistisch Verfolgten empfanden.

Das nationalsozialistische Deutschland hat einen der größten Architekten der Moderne aus seiner Heimat vertrieben. Doch so wie Hugo Haases politisches Erbe bis heute aktuell ist, hat auch Erich Mendelsohns Architektur den NS-Terror überdauert. Seine Bauten sind weltweit geschätzte Architekturjuwele. Eines seiner Frühwerke jedoch geriet für lange Zeit in Vergessenheit. Bereits während seines Studiums in München entwarf er 1913 eine Friedhofskapelle für den jüdischen Friedhof seiner Heimatstadt Allenstein. Die Geschichte dieses kleinen Gotteshauses steht für eine großartige Wiederentdeckung verdrängter und verleugneter Geschichte. In der deutschen Erinnerungskultur über Ostpreußen war lange Zeit kein Platz für den Architekten, weil er als jüdischer Deutscher von seinen Landsleuten aus seiner Heimat vertrieben wurde. Er gemahnte durch seine Biografie an die deutsche Verantwortung ab 1933, an Verfolgung, Vernichtung und Völkermord. Im Nachkriegspolen hatte man ihn ebenfalls vergessen, denn er galt als Deutscher, und seine jüdische Identität hat ihm sicher auch nicht geholfen.

Und was passiert heute? Das polnische Olsztyn hat seinen deutsch-jüdischen Mitbürger entdeckt und eine wahre Erich-Mendelsohn-Renaissance geschaffen. Das liegt vor allem an der Kulturgemeinschaft Borussia. Unter diesem provokanten Namen, der in Polen vor allem nach dem bösen alten deutschen »Drang nach Osten« klang, entstand 1990 in Allenstein eine Initiative von unten. Jüngere Menschen nutzten die politische Wende, um ihre Heimat neu zu denken. Bis 1989 hatte das ideologisch sorgsam gepflegte Bild überwogen, Ermland und Masuren seien »urpolnisches« Land, das 1945 heimgekehrt sei. Doch wo waren, fragten nun junge Polen, die Menschen, die angeblich freudestrahlend ihre »Rückkehr nach Polen« nicht abwarten konnten? Es gab niemanden mehr, der ihnen erzählen konnte, wie es wirklich war. Deshalb gingen sie selbst auf die Suche nach Antworten.

Wie in einem historisch-kulturellen Laboratorium begann eine große Neuentdeckung von Ermland und Masuren und schon bald weit darüber hinaus. Mit der Kulturgemeinschaft Borussia entstand eine Graswurzelbewegung im besten Sinn, ein zivilgesellschaftlicher Leuchtturm. Richtungweisend für ihre Arbeit war dabei von Anfang an der Ansatz, eine historische Landschaft als Zusammenspiel ihrer ehemaligen und heutigen Einwohner zu denken. Mittlerweile ist die Zahl regionaler polnisch-deutscher Initiativen zum Erhalt ostpreußischen Kulturguts kaum noch zu überblicken. Polens Denkmalschützer retten historische Substanz, die alten deutschen Friedhöfe werden systematisch erfasst und mit zum Teil bescheidenen Mitteln vor dem endgültigen Untergang bewahrt.

In vielen Städten und Kreisen erscheinen Geschichtsmagazine, die die Geschichte Ostpreußens dokumentieren. Sei es der Lötzener Verein Wspólnota Mazurska, der in der Stadt ein eigenes Museum einrichtete und mit der Herausgabe der historischen Zeitschrift *Masovia* an die alte preußisch-deutsche Tradition der Litterarischen Gesellschaft Masovia anknüpft; seien es die *Studia Angerburgica*, die Johannisburger *Znad Pisy* oder das Ortelsburger *Rocznik Mazurski* – sie alle zeugen von einem neuen Selbstbewusstsein. Zweifellos hat die Stiftung Borussia wichtige Impulse geliefert, um flächendeckend die kulturelle Aneignung durch interkulturellen Dialog, aber auch die Aufarbeitung und Bewahrung des kulturellen Erbes voranzutreiben.

Die Gründergeneration von Borussia hatte diese schwierige Aufgabe übernommen. Allerdings ging es ihr niemals um eine rückwärtsgewandte Renaissance des preußisch-deutschen Erbes, sondern in der lateinischen Form *Borussia* sahen die jungen Idealisten die multiethnische Tradition der alten Landschaft Preußen am besten zusammengefasst. Dabei verstand sich Borussia von Anfang an programmatisch als Verfechter eines offenen Regionalismus, der die multikulturellen Facetten unterstrich. Sie rüttelte an Tabus, richtete unbequeme Fragen an überkommende und zudem national verengende Narrative, und zwar an Polen, Deutsche, Russen und Litauer gleichermaßen. Der neue Blick der Borussinnen und Borussen machte den Weg frei: Es ging um nicht weniger als kulturelle Aneignung einer historischen Landschaft in allen ihren Ambivalenzen, ihren Höhen und Tiefen, Schattierungen und Widersprüchen.

Die kulturelle Aneignung fand in atemberaubendem Tempo statt: neben der Erhaltung alter Friedhöfe Nachhaltigkeit und ökologisches Bewusstsein etwa beim Bewahren der wunderschönen Alleen, internationale Jugendbegegnungen, Workshops. Die Idee der Borussia machte nicht vor nationalen Grenzen halt; Russen, Litauer, Weißrussen, Ukrainer, Deutsche, Franzosen oder Belgier wurden wie selbstverständlich eingeladen. Die Stiftung ist von Beginn an ein Brückenbauer gewesen, nunmehr seit drei Jahrzehnten. Ich erinnere mich an viele Begegnungen auf der Kurischen Nehrung, in Allenstein oder auf internationalen Workshops in Masuren. Nicht zuletzt ihre gleichnamige Zeitschrift *Borussia* fungiert seit ihrer Gründung als wichtiges intellektuelles Sprachrohr weit über die Region Ermland und Masuren hinaus.

Der Borussia gelang mit einer großen Spendenaktion, das ehemalige Bethaus Bet Tahara auf dem jüdischen Friedhof zu restaurieren. Seit 2013 finden hier internationale Begegnungen statt, hier hat die Stiftung ihre bescheidene Zentrale, an einem symbolträchtigen Ort, der wie kaum ein zweiter für Licht und Schatten der Moderne steht. Mittlerweile veranstaltet die Borussia alljährlich das erfolgreiche Mendelsohn-Festival für jüdische Kultur. Erich Mendelsohns Schaffen zeigt der ganzen Welt, dass diese Region gar nicht so provinziell war, sondern Menschen hervorgebracht hat, die entscheidend zur europäischen Moderne beigetragen haben. Erich Mendelsohn bedeutet für die heutigen Bewohner die Möglichkeit, sich positiv mit Teilen der Vergangenheit zu identifizieren; mitunter hört man Menschen aus Olsztyn mit einem gewissen Regionalstolz sagen: Er ist einer von uns.

Einmal bin ich an der höchsten Stelle der sogenannten Wannseedünen, in der Nähe des Berliner S-Bahnhofs Wannsee, an der anmutigen Statue einer gänzlich anderen Borussia vorbeigegangen. Dort schaut die entrückte Dame mit verklärtem Blick in die Ferne. Diese Borussia verkörperte in weiblicher Anmut den preußischen Staat. In großer Vaterlandsliebe erwarb sie der Villenbesitzer Emil Otto Wild für sein imposantes Anwesen am Sandwerder. Wie die Borussia auf der Siegessäule im Zentrum Berlins, die glorreich den deutschen Sieg über Frankreich verkündet, steht sie für ein Preußen, das endgültig untergegangen ist.

Manche wünschen sich die alten Zeiten zurück – nicht nur in Deutschland –, doch dieses Kapitel steht für einen Weg, der am Ende in Nationalismus und Verderben für einen ganzen Kontinent geführt hat. Die Allensteiner Borussia praktiziert einen Gegenentwurf. Sie ist eine wahr gewordene Utopie, indem sie jene Prinzipien von Toleranz, Weltoffenheit und Miteinander lebt, die wir uns wünschen, auch zwischen Polen und Deutschen.

Heute erstrahlt das frühe Meisterwerk Erich Mendelsohns in neuem Glanz. Versäumen Sie auf keinen Fall einen Besuch, am besten nach telefonischer Voranmeldung: Bet Tahara – das bedeutet auf Hebräisch Haus der Reinigung. Lange Zeit blieb dieser von außen recht unscheinbare Bau in Mendelsohns Werkverzeichnis unerwähnt. Kommen Sie über die kleine Seitenstraße, die

Żyndrama z Maszkowic, sehen Sie ein Gebäudeensemble mit Walmdächern, das einstige religiöse Zentrum, das Bethaus, daneben das ehemalige Pförtnerhaus, in dem der Friedhofsgärtner wohnte. Zwischen beiden Gebäuden befand sich der Haupteingang zum Friedhof. Hier zeigt sich bereits deutlich, was den Architekten Erich Mendelsohn später ausmachen sollte. Seiner Heimatstadt schenkte er ein Juwel, das Krieg, Terror und Vernichtung jüdischen Lebens überdauerte. Im 21. Jahrhundert machen die jungen Menschen der Borussia mit ihrem Projekt Bet Tahara Hoffnung und Erich Mendelsohn gleichzeitig unsterblich.

Bitte keine Elche!

Als ich einer Freundin von diesem Buchprojekt erzählte, rief sie mir zu: »Schreib doch etwas über Elche.« Um Himmels willen, auch noch das. Sie schwor Stein und Bein, dass sie in Masuren Elche gesehen habe.

Nun bin ich kein Mensch, der Tag und Nacht auf der Pirsch zubringt. Ich habe viele seltene Vogelarten gesehen, sogar Schwarzstörche, die einsame und vor allem scheue Waldbrüter sind, aber in meiner ganzen Zeit, die ich in Masuren verbrachte, habe ich keinen einzigen Elch erspäht. Hirsche, Rehwild, Wildschweine, Füchse, Hasen, Marder, Biber, ja, aber eben keine Elche.

Doch irgendwie funktioniert eine *Gebrauchsanweisung für Masuren* wohl nicht ohne Elche. Dazu wäre zu sagen, dass das Elchgeweih, Schaufel genannt, zugleich das Wappensymbol des alten Ostpreußen war. Dabei hatten die wenigsten ehemaligen Bewohner jener Landstriche vor dem Zweiten Weltkrieg je einen Elch zu Gesicht bekommen. Das tat ihrer Begeisterung für das Wappentier aber keinen Abbruch. Vor allem nach dem Verlust ihrer alten Heimat besangen sie nicht nur die Landschaft, sondern auch den Elch, wenn es wehmütig im Ostpreußenlied heißt: »Elche stehen und lauschen in die Ewigkeit.« Bei vielen älteren Menschen sah ich dabei Tränen in den Augen.

Aber Elche in freier Wildbahn? Dass ich keine gesehen habe, soll keineswegs heißen, es gebe keine Elche zwischen Weichsel und Memel. Mitnichten. Insbesondere im heute russischen und litauischen Teil Ostpreußens, in der Memelniederung und auf dem Kurischen Haff, gibt es sie. Ich erinnere mich an dortige Besuche, als Bekannte berichteten, sie hätten beim Spaziergang im Nehrungswald kurz zuvor einen Elch gesehen. Immer wieder hörte ich davon, zählte aber nie zu den Glücklichen, dieses Tier persönlich in Augenschein nehmen zu können.

In Preußisch Sibirien lebten frei laufende Elche, die wie Tiere aus Urzeiten zu sein schienen, menschenscheu und deshalb selten zu sehen. Doch selbst in Ostpreußen war dieses Urtier zu Beginn des 20. Jahrhunderts ausgestorben. Erst Bemühungen in der Weimarer Republik, gefördert vom preußischen Ministerpräsidenten Otto Braun, haben es mithilfe importierter Exemplare hier wieder angesiedelt. Diese Population hat bis heute überdauert. Also, Augen auf, mittlerweile laufen Elche vermehrt wieder durch Masuren. Was mir nicht möglich war, sollte Ihnen hoffentlich gelingen.

Ich halte es da lieber mit Robert Budzinski und seinen Ausführungen zum Thema: »Besonders bemerkenswert ist noch ein Tier, das in der Entfernung wie eine Kuh, in größerer Nähe wie ein Hirsch, ganz nahe aber gar nicht aussieht, sondern wegläuft. Das ist der Elch. Aber auch dieser ist schon im Aussterben begriffen, weil er zu viel gemalt worden ist und sich darüber zu sehr geärgert hat.« Offenbar hat Budzinski ebenfalls nie einen Elch erspähen können. Deshalb widme ich dieses – kurze – Kapitel meiner Freundin, die unbedingt ein Kapitel über Elche wünschte.

Postskriptum: Kurz vor Drucklegung dieser *Gebrauchsanweisung* ist es mir nach Jahrzehnten schließlich doch noch gelungen, in einem April gegen 19 Uhr auf einer alten Baumallee bei Steinort vier Elche zu sichten. Sie standen in der Abenddämmerung direkt auf der Straße und dem anliegenden Feld …

Religiöse Toleranz in der Johannisburger Heide

Masuren kenne ich zu allen Jahreszeiten. In eiskalten Wintern bei mehr als minus zwanzig Grad, an nassgrauen Februartagen, die nicht enden wollen, wie auch im Frühling, der manchmal erst recht spät Einzug hält. Meine liebste Zeit ist jedoch der frühe Herbst, die Tage, an denen Masuren auf ganz besondere Weise riecht. Es duftet nach Fallobst und erstem Herbstlaub, nach feuchter Erde auf Feldern, die größtenteils abgeerntet sind. Es sind die sonnigen, häufig noch warmen Tage und die kühler werdenden Nächte, die dem Land eine wunderbare Prägung verleihen. Es riecht nach Kartoffelfeuern und abgesengten Stoppelfeldern. Ende September, am besten Anfang Oktober, das ist in Polen der Goldene Herbst *(Złota Jesień)*.

Gałkowo gehört zu meinen Lieblingsorten in Masuren. Er liegt unweit von Ukta und dem Flüsschen Krutinna. Es scheint, als wäre das bescheidene Straßendorf in den Wald hineingebaut worden. Ein Kranz von Wiesen umgibt den

Dorfkern, die an den Waldrändern enden. Im frühen Herbst liegen die Morgennebel über den Wiesen, eine unglaubliche Stille herrscht im Dorf mit seinen geduckten Holzhäusern, die mit ihren Staketenzäunen in wunderbaren alten Obstgärten liegen. Nur das geübte Auge erkennt, dass Gałkowo noch eine architektonische Besonderheit bereithält. In manchen Gärten steht eine aus Holz gebaute Banja, ein traditionelles russisches Badehaus. Warum diese Reste russischer Dampfbadfreuden mitten in den masurischen Wäldern zu finden sind, möchte ich Ihnen kurz erzählen.

Das kleine Dorf Gałkowo heißt auf Deutsch Galkowen, für kurze Zeit nannten es die Nationalsozialisten Nickelshorst. Es liegt in einer der schönsten Landschaften Masurens und gehört zu einer kleinen Anzahl von Dörfern, in denen sogenannte Altgläubige oder Philipponen lebten. Neben den russischen Dampfbädern in den Gärten schmücken orthodoxe Kreuze den örtlichen Friedhof, der am Ortsrand auf einem kleinen Hügel in der Gemarkung steht. Beide zeugen mitten in Masuren von einem Beispiel preußischer Toleranz.

Philipponendörfer konnten ab 1830 aufgrund einer Einladung des preußischen Königs Friedrich Wilhelms III. entstehen. Die Philipponen waren die letzten Glaubensflüchtlinge, die im 19. Jahrhundert in Preußen Zuflucht fanden. Sie bildeten den Abschluss einer langen Reihe von Beispielen religiöser Toleranz, die französische Hugenotten, schottische Calvinisten, Salzburger Protestanten und niederländische Mennoniten nach Preußen führten. Dabei waren die Motive der preußischen Herrscher jedoch nicht selbstlos, sondern vielmehr standen eigennützige Gründe im Vordergrund, nämlich die noch brach liegenden Regionen ihres Herrschaftsgebiets zu besiedeln und wirtschaftlich zu erschließen.

Die Philipponen gehören zu einer Gruppe Orthodoxer in Russland, die sich Mitte des 17. Jahrhunderts von der griechisch-katholischen Kirche trennten. Ihnen gingen die 1652 vom Patriarchen Nikon durchgeführten Reformen des russischen Ritus zu weit. Daher verließen sie die offizielle Kirche und hielten am Status quo ante fest. Fortan nannten sie sich selbst Altgläubige (*Starowjerzi* bzw. *Starovbriadzi*), also diejenigen, die an den ursprünglichen Lehren der orthodoxen Kirche festhielten. Dazu zählte, dass sie das orthodoxe Priesteramt ebenso ablehnten wie die Sakramente. Von ihren Gegnern aus der Staatskirche wurden sie abfällig als *Raskolniki* (Abtrünnige) bezeichnet. Da sie in weiten Teilen Russlands brutal verfolgt wurden, siedelten sich viele von ihnen in den einsamen Gebieten des nördlichen Russland an.

Die Altgläubigen duldeten weiterhin keine ordinierten Priester, sondern wählten aus ihren eigenen Reihen einen tugendhaften Mann, den *Staryk* (Ältester). Ihre einstige orthodoxe Mutterkirche lehnten sie vehement ab, weshalb sie vom russischen Staat im 18. Jahrhundert massiv bedrängt und verfolgt wurden. Aus diesem Grund flohen viele nach Polen. Nach der dritten Teilung Polens fiel ihre neue Heimat in den preußischen Herrschaftsbereich, wo sie weitgehende Religionsfreiheit genossen. Doch nach den Napoleonischen Kriegen ab 1815 gerieten die Glaubensflüchtlinge erneut unter russische Hoheit; abermals drohte ihnen Verfolgung, da sie aus religiösen Gründen den Militärdienst ablehnten. Deshalb baten führende Vertreter der dortigen Altgläubigen den preußischen König um Aufnahme.

König Friedrich Wilhelm III. lud eine kleine Gruppe von ihnen nach Preußen ein, nachdem Russland die Erlaubnis zur Ausreise signalisiert hatte. So gelangte auch der Älteste Sydor Borissow mit seiner Gemeinde aus dem polnischen Gebiet Augustów nach Masuren, wo er 1829 als erster Philippone die preußische Staatsangehörigkeit erhielt. Die ersten Ansiedler stammten neben Augustów aus den Regionen Suwałki und Sejny. Der preußische Staat benötigte dringend weitere Kolonisten, die bereit waren, die letzten Waldregionen Masurens urbar zu machen. Per Kabinettsorder vom 5. Dezember 1825 befahl der König ihnen, sich ausschließlich auf unkultiviertem Land niederzulassen. Zugleich garantierte er ihnen Religionsfreiheit und in der ersten Generation die Befreiung vom Militärdienst. Am Anfang wurden ihnen sechs Steuerfreijahre eingeräumt.

Nachdem die Verhandlungen mit dem preußischen Fiskus unter Leitung des Forstmeisters Eckert abgeschlossen waren, wurden ihnen Wohnplätze in zehn Dörfern zugewiesen: Eckertsdorf – benannt nach dem erwähnten preußischen Forstmeister –, Schlößchen, Nikolaihorst, Galkowen, Kadzidlowen, Schönfeld, Fedorwalde, Peterhain, Piasken, Onufrigowen. Zunächst begann die Besiedlung 1829 in Onufrigowen. Relativ zügig gelang den Neusiedlern die Urbarmachung der zugewiesenen Waldgebiete. Neben der Landwirtschaft erwiesen sie sich als gut im Fischen in der Krutinna und dem Beldahnsee. Auch gingen sie der Stell- und Radmacherei nach oder verdingten sich als Tischler und Chausseearbeiter. Der preußische Forstmeister Eckert, der die Ansiedlung der fremden Menschen nicht nur in die Wege geleitet hatte, sondern zugleich auch überwachte, staunte nicht schlecht:

»Sobald eine Colonie übergeben ziehen die Philipponen gleich mit ihrer ganzen Familie an, und bringen ihr sämtliches lebendiges und todtes Inventarium mit sich, und bauen sogleich vorläufig Hütten in und über der Erde.« Eckert berichtete weiter, dann beginne »aber sogleich die Urbarmachung des Landes mit einer Thätigkeit und Schnelligkeit, die fast ans Unglaubliche grenzt.« Ihre Haussprache war ausschließlich Russisch, die sie bis ins 20. Jahrhundert pflegten.

Nach den gewährten Freijahren forcierte die preußische Regierung den Druck auf die Philipponen, sich der Gesetzgebung des Landes zu fügen. Inzwischen war durch die Aufnahme weiterer illegal eingereister Glaubensgenossen ihre Zahl auf 1277 im Jahr 1842 angestiegen. Nach Protesten gegen die Rekrutierung des ersten Philipponen zum Militärdienst, wanderten einige Familien zurück nach Polen, sodass die Zahl sieben Jahre später auf 866 abgesunken war. Das evangelische Konsistorium in Königsberg gestattete ihnen den Bau einer Kirche in Eckertsdorf (1834) sowie einer zweiten Holzkirche in Schönfeld (1837).

Den Altgläubigen gelang es bis 1945, ihre autarke Lebensform beizubehalten. Nach dem Zweiten Weltkrieg verblieben viele in ihren Dörfern, andere flohen mit ihren deutschen Nachbarn vor der sowjetischen Armee nach Westen. Später siedelten die meisten in Masuren verbliebenen altgläubigen Familien in die Bundesrepublik aus. Heute leben nur noch vereinzelte Mitglieder in Masuren, sodass bald nur noch ihre Friedhöfe an dieses ungewöhnliche Kapitel preußischer Toleranz erinnern werden.

Vor allem der einstmals altgläubige Ort Eckertsdorf weist gleich mehrere religiöse Besonderheiten auf. In der Ortsmitte befindet sich die Kirche der Altgläubigen. Sie ist das geistliche Zentrum der verbliebenen Philipponen und das letzte altgläubige Gotteshaus in Masuren. In ganz Polen existieren neben Eckertsdorf nur noch zwei weitere Gemeinden, und zwar in Gabowy Grądy und Wodziłki im Nordosten Polens. Das bedeutet, dass diese drei Gemeinden die gesamte Religionsgemeinschaft der Ostkirche der Altgläubigen (Wschodni Kościół Staroobrzędowy) bilden. Sie zählte 2018 in ganz Polen 1260 Gläubige und unterhält ihren Sitz im nordostpolnischen Suwałki. Die sonntäglichen Gottesdienste werden von einem Laienprediger geführt. Nur sie dürfen aus dem Evangelium lesen sowie Taufen, Trauungen und Bestattungen vornehmen.

Neben der Gemeindekirche in Eckertsdorf steht auf einer Halbinsel des Dußsees seit 1847 das altgläubige Kloster der Heiligen Dreifaltigkeit und des Erlösers. Vor wenigen Jahren lebten hier noch zwei Nonnen: Helena Stopka starb 2005, ein Jahr später Afimia Kuśmierz. Beide habe ich noch kennengelernt. Als die letzte Priorin des Klosters 1968 starb, gelangte das Kloster in den Besitz der Familie Ludwikowski. Diese polnische und zugleich katholische Familie verpflichtete sich, für die Bewahrung des Klosters Sorge zu tragen und die letzten Nonnen bis zu ihrem Tod zu betreuen. Familie Ludwikowski stammte aus dem Raum Wilna, von wo sie nach dem Zweiten Weltkrieg als Vertriebene nach Masuren gekommen war. Halina und Leon Ludwikowski hatten in der polnischen Heimatarmee gegen Deutsche und Sowjets gekämpft. Nach dem Krieg haben sie jahrzehntelang das Kloster und die verbliebenen Schwestern liebevoll versorgt. Seitdem haben sie das Gotteshaus für Besucher offen gehalten, jetzt ist es in der Obhut ihres Enkels Tomasz Ludwikowski. Die gesamte Anlage, die vor allem von deutschen

Touristen besucht wird, ist ein wahres Kleinod. Direkt über dem See liegt der Friedhof der Altgläubigen, eine letzte Ruhestätte kann man sich kaum schöner vorstellen.

Eckertsdorf heißt heute Wojnowo. Auch der polnische Name schlägt eine Brücke in die Vergangenheit. Der erste altgläubige Älteste, Sydor Borissow, war zeitlebens ein Flüchtling. Geboren wurde er 1778 im Dörfchen Wejnowo im damaligen Gouvernement Witebsk, das heute im Kreis Rēzekne in Lettland liegt. Von dort floh er weiter in Richtung Augustów. So erinnert der heutige Ortsname an den ersten Bewohner von Eckertsdorf, Sydor Borissow, aus Russland.

Am Dorfausgang von Eckertsdorf befindet sich zudem – jetzt bitte nicht wundern – die orthodoxe Kirche mit Namen Entschlafung der Gottesmutter (Cerkiew Zaśnięcia Matki Bożej). Was um alles in der Welt macht in diesem einst vergessenen Winkel Preußens, inmitten einer Sekte von Altgläubigen, eine orthodoxe Kirche, werden Sie sich vielleicht fragen. Hierbei handelt es sich um ein religionsgeschichtliches Kuriosum. Schon im späten 19. Jahrhundert versuchte die orthodoxe Kirche aus Russland heraus, mit einer Missionierungskampagne unter den masurischen Altgläubigen zu werben. Die Altgläubigen galten ihnen weiterhin als Abtrünnige, weshalb man sie – diesmal nicht mit dem Schwert – zum rechten Glauben zurückführen wollte. In den slawischen Sprachen heißen die Orthodoxen in wörtlicher Übersetzung deshalb die Rechtgläubigen *(Prawosławni)*.

Tatsächlich gelang es ihnen, eine kleine Schar zu überzeugen, allerdings drohte der Erste Weltkrieg mit seinen weitreichenden Folgen das zarte Pflänzchen der Mission in Masuren zu gefährden. Dann kam jedoch der russische

Offizier Alexander Awajew als Kriegsgefangener nach Masuren, wo er auf die Altgläubigen stieß und unter ihnen missionierte. Alexander Awajew stammte aus dem russischen Twer, war Offizier der Zarenarmee und zugleich Novize in einem orthodoxen Orden. Nach der Oktoberrevolution kehrte er nicht mehr in seine russische Heimat zurück, sondern ließ sich in Paris zum orthodoxen Priester weihen. 1922 entsandte man ihn in die kleine Gemeinde Eckertsdorf, die er bereits aus der Kriegsgefangenschaft in Ostpreußen kannte. Hier verschrieb er sich ganz dem Aufbau der Gemeinde, die zu seinem Lebenswerk werden sollte. Unter seiner Ägide entstanden die heutige Holzkirche zwischen 1921 und 1923 sowie ein Nonnenkloster.

Alexander Awajew starb 1956 und wurde auf dem orthodoxen Friedhof beigesetzt. Nach seinem Tod und mit der Aussiedlung vieler Mitglieder in die Bundesrepublik drohte der orthodoxen Gemeinde das Aus. Doch nach der Wende erlebte das orthodoxe Leben in Eckertsdorf eine Wiedergeburt. Die Kirche erhielt ein frisches Antlitz, und seit einigen Jahren leben wieder einige orthodoxe Nonnen im Kloster.

Die Gräfin von Masuren

Bei Siegfried Lenz konnten wir früh nachlesen, wie Geschichte instrumentalisiert, manipuliert, verfälscht und umgelogen werden kann. Pflichtlektüre gegen die neue Sehnsucht nach einfachen Wahrheiten, gegen Pseudologiken, Fake News und Nationalismus. »Du hast etwas vergessen; du hast den Haß vergessen, Zygmunt, der aus all dem kommt, was du Heimat nennst, den Haß auf die anderen«, lässt Siegfried Lenz seinen Protagonisten in *Heimatmuseum* erklären. »Meister Weinknecht hat ihn gerade zu spüren bekommen. Er ist kein Pole, sagte er, er will auch nicht, daß Lucknow polnisch wird, er möchte nur zeigen, daß keiner mehr Anspruch hat als der andere auf diese Wälder und Seen. Wo einer seine Heimat haben will, das soll er selbst bestimmen können, ohne daß andere das Recht haben, ihm diesen Wunsch abzusprechen …«

Genau auf den Punkt gebracht, könnte das die Quintessenz der Geschichte Masurens sein. Jede Reise macht den Blick frei für das Vergangene, um das Gegenwärtige zu verstehen. Masurens Geschichte ist komplex, spannend und vielfältig, aber sie eignet sich nicht für eine postmoderne Multikultiprojektion. Das käme einer posthumen Verklärung gleich, die den historischen Spannungen nicht gerecht werden würde.

Masuren bleibt unbestritten ein Paradies, ganz real im Hier und Heute. Davon kann sich jede und jeder stets aufs Neue überzeugen. Vor allem sind es seine Menschen, die Masuren ausmachen. Am Ende dieses Bandes möchte ich Ihnen deshalb jemanden vorstellen, mit dem ich gemeinsam das Land entdecken durfte. Mein Masuren hat viel mit diesem Menschen zu tun, weshalb es mir eine große Freude ist, an dieser Stelle die Geschichte einer außergewöhnlichen Frau zu erzählen: Renate.

Renate lebt in Gałkowo, einem jener Dörfer der Altgläubigen, von denen ich schon berichtet habe. Die idyllischen Häuser liegen inmitten herrlicher Obst- und Gemüsegärten. Fotomotive, wohin man blickt. Wie aus einem Hochglanzmagazin über das Landleben leuchten im frühen Herbst Sonnenblumen, Dahlien und Astern in den Bauerngärten um die Wette. Obwohl noch einige Altgläubige im Dorf leben, riecht es in Gałkowo nach Veränderung. Eine einfache Internetrecherche zeigt, dass Gałkowo längst ein Hotspot für betuchte Warschauer geworden ist. Viele Autokennzeichen vor den malerischen Häusern weisen auf die polnische Hauptstadt hin. Glücklicherweise erwecken sie niemals den Anschein von neureichen Großstädtern, jedenfalls nicht im Dorfkern, dessen Häuser sich beiderseits der Straße reihen. Etwas außerhalb protzen allerdings einige Villen, die im Kontrast zur masurischen Beschaulichkeit stehen; selbst über einen Hubschrauberlandeplatz für Geschäftsleute aus Warschau verfügt der Ort.

Gałkowo steht heute vor allem für Pferde. Ohne die edlen Vierbeiner wäre auch Renate wahrscheinlich nicht ins Dorf gekommen. Dem aber geht eine lange Geschichte voraus. Die überregionale Entdeckung des kleinen masurischen Dorfs begann mit Pferden, als sich Ende der Achtzigerjahre Krzysztof und Wanda Ferenstein ihren persönlichen Traum erfüllten. Sie packten ihre Koffer und ließen ihr altes Warschauer Leben hinter sich, um in Masuren neu zu beginnen. In Gałkowo kauften sie einen alten Hof, auf dem sie mit zehn Pferden eine Zucht anfingen. Die Ferensteins gehören zu den großen polnischen Reiterdynastien. Bereits Großvater Ludwik Ferenstein kämpfte als Vertreter der traditionsreichen polnischen Kavallerie hoch zu Pferde in drei Kriegen: im Ersten Weltkrieg, im Polnisch-Sowjetischen Krieg sowie im Zweiten Weltkrieg. Er kämpfte mit Marschall Piłsudski, später mit dem bekannten General Stanisław Maczek. Seine Liebe zu Pferden gab er an seine Kinder und Enkel weiter.

Nach der Wende zog das kleine Gestüt gleichermaßen Pferdeliebhaber und Großstadtyuppies magnetisch an. Für viele Hauptstädter, die dem hektischen Treiben des Warschauer Frühkapitalismus entflohen waren, war Masuren Liebe auf den ersten Blick. Und so blieb mancher Masurenreisende hängen. Etliche erwarben ein Wochenendhäuschen, andere mieteten Ferienquartiere, die immer häufiger entstanden.

Tochter Karolina Ferenstein ist bereits die dritte Generation und gleichfalls begeisterte Reiterin. Sie heiratete den bekannten TV-Journalisten Piotr Kraśko. Als eines von Polens Glamourpaaren sieht man sie bei Bällen und

Premierenfeiern häufig auf dem roten Teppich. Zugleich gilt ihre Liebe Masuren, weshalb sie sich entschlossen, das Gestüt weiterzuführen, nachdem sich Karolinas Eltern zur Ruhe gesetzt hatten. Auch ihre Kinder, die vierte Generation der Ferensteins, sitzen bereits – was in dieser Familie kaum überrascht – fest im Sattel.

Die Ankunft der Ferensteins war zugleich der Beginn des Fremdenverkehrs in Gałkowo. Es sprach sich herum, immer mehr Großstadtmüde entdeckten Masuren. Mehr Unterkünfte waren nötig und vor allem eine gastronomische Infrastruktur. Das war der Moment, als Renates Sohn Alexander Potocki die Bühne betrat. Als Freund der Familie Ferenstein stieg er in ihr Geschäft ein, indem er auf ihrem Gestüt seine legendäre Kneipe U Targowiczan eröffnete. Die Ferensteins hatten die Pferde, er sorgte mit seinem Team für das leibliche Wohl der Gäste.

Auf dem Hof herrschte stets emsiges Treiben, Pferdeschnauben aus den Boxen, Hufgeklapper auf dem Pflaster, immer und überall Hunde. Die Presse begann darüber zu berichten, national wie international, doch noch galt Gałkowo als Geheimtipp, alles schien auf sympathische Art und Weise improvisiert, vor allem unaufgeregt. Das Essen bestellte man an der Bar, manchmal gab es in der kälteren Jahreszeit ein Feuer im Garten, viele saßen draußen auf schlichten Holzbänken.

Auf diese Weise also landete Alexander gleichfalls in Gałkowo. Und hier geht die Geschichte weiter. Seine Mutter Renate hatte sich nach einem langen Journalistendasein aufs Altenteil gesetzt und war ebenfalls nach Masuren gezogen. Hier – so betonte sie immer wieder – sei es nicht nur wunderschön, sondern erinnere sie als »Försters Tochter« alles an ihre geliebte Mark Brandenburg, wo sie

1935 zur Welt gekommen war. In der Landschaft ihrer Kindheit hatte die neunjährige Renate bei Kriegsende aus unmittelbarer Nähe erlebt, wie sowjetische Soldaten ihren Vater erschossen, der Forstmeister im märkischen Kummersdorf war, weil er seine ihnen verdächtige Forstuniform trug. Über den Verlust ihres geliebten Vaters spricht sie oft, ohne Groll. Von ihm hat sie wahrscheinlich die Liebe zur Natur geerbt, die sie irgendwann hierher, nach Masuren, führte. Renate hatte ein altes Siedlungshaus aus den Dreißigerjahren am Dorfrand von Kosewo erworben. Dort war ich unzählige Male zu Gast, vor allem, als ich in Warschau lebte. Wir hatten uns Mitte der Neunzigerjahre auf einer Tagung in Nidden auf der Kurischen Nehrung kennengelernt, es war Sympathie auf den ersten Blick.

Renate war in mehrfacher Hinsicht eine Pionierin. Als sie in den Fünfzigerjahren an der Freien Universität Berlin studierte, war ihr das Nachkriegsdeutschland zu spießig. Sie lebte ihren Freiheitsdrang, indem sie zehn Jahre nach Kriegsende durch Europa trampte. Per Anhalter fuhr sie an die italienische und französische Riviera, nach Skandinavien, wo sie als Tellerwäscherin auf einem Hurtigruten-Schiff bis zum Nordkap reiste. Ihr Fernweh kannte keine Grenzen. Nach dem Juraexamen entkam sie nach Paris, das emotional ihre zweite Heimat werden sollte. Dort begann sie als Zimmermädchen, um ihren Traum zu finanzieren. Irgendwann arbeitete sie als Aushilfskraft beim Büro der Deutschen Presse-Agentur. Rasch erkannte man dort ihr journalistisches Talent, weshalb sie das Angebot erhielt, ein Volontariat zu machen. Nach drei erfüllenden Pariser Jahren zog sie nach Hamburg, wo sie in der dortigen dpa-Zentrale ihr Volontariat fortsetzte, um bereits 1963 zur Redakteurin aufzusteigen.

Überraschend erreichte sie das Angebot, in Polen zu arbeiten, nur zwanzig Jahre nach Kriegsende. Nach Krieg, Besatzung und Vernichtung lag Polen hinter dem Eisernen Vorhang, offiziell gab es keine diplomatischen Beziehungen zu dem Land. Eine völlig neue Welt wartete auf sie, als Deutsche allemal. Sie verfügte über keine familiären Beziehungen zu Polen, als die dpa händeringend jemanden suchte, der freiwillig dorthin gehen wollte, nachdem alle männlichen Bewerber abgelehnt hatten. Damit war Renate die erste deutsche Korrespondentin der dpa, die 1965 nach Polen kam. Voller Neugier auf das neue Leben begann sie, Polnisch zu lernen.

Dort lernte sie Karol Potocki kennen. Der hochgebildete Graf hatte früher ein bekanntes Palais im Zentrum von Warschau besessen, das die Deutschen zerstörten. Jahrelang musste er Zwangsarbeit unter unmenschlichen Bedingungen in mehreren deutschen Konzentrationslagern leisten bis zu seiner Befreiung durch die Amerikaner zuletzt im KZ Mittelbau-Dora. Nach einer Odyssee kehrte Karol Potocki 1947 nach Polen zurück, wo er als Aristokrat von den kommunistischen Machthabern drangsaliert wurde. Man konnte ihm, so scheinen alte Fotos von ihm zu künden, alles nehmen, aber nicht seinen Stolz. Die Potockis besaßen einen Familiensitz in Parzymiechy im Süden Polens, dessen letzter Besitzer Karol Potocki war.

Durch den älteren Gentleman lernte Renate viel über die dramatische Geschichte Polens und nicht zuletzt dessen Sohn Władysław kennen. Diese Begegnung sollte ihr Leben verändern. Mit ihm – Władek – im Schlepptau, kehrte Renate 1970 nach Hamburg zurück, wo sie ein Jahr später heirateten. In den folgenden Jahren gründeten sie eine Familie, als die Kinder Alexander und Kasia auf die Welt kamen. Władek jedoch litt an unstillbarem Heimweh nach Polen, weshalb – entgegen aller journalistischen Gepflogenheiten – sich die junge Familie entschloss, 1973 erneut nach Warschau zu ziehen. Als Renate Marsch-Potocka, wie sie nun hieß, brach sie zum zweiten Mal in Richtung Osten auf, wiederum als dpa-Korrespondentin. Diesmal blieb sie – für immer. Nach mehr als dreißig Dienstjahren war sie die Doyenne des internationalen Journalismus in Polen, denn sie kannte alle und jeden.

In ihre Berichtszeit fielen Ereignisse, die die Welt bewegten: die neue Ostpolitik, die Papstwahl 1978, die Streiks auf der Lenin-Werft in Danzig und die Entstehung der unabhängigen Gewerkschaft Solidarność, das Kriegsrecht und die schweren Achtzigerjahre mit Drangsalierungen der Opposition, das freie Polen und am Ende die Nachwendejahre mit neuen Herausforderungen. Aktiv unterstützte sie die polnische Opposition, berichtete furchtlos von staatlicher Gewalt, obwohl sie vom Staat nach Kräften daran gehindert wurde. Sie kannte Tadeusz Mazowiecki, Władysław Bartoszewski, Ludwik Stomma, Lech Wałęsa, unterstützte bedrängte Oppositionelle wie Jacek Kuroń und half ihnen, ihre Botschaften im Westen hörbar zu machen.

In Polen avancierte sie zu einer nationalen Ikone, als sie ab 1987 regelmäßig gemeinsam mit dem französischen Journalisten Bernard Margueritte im Fernsehen auftrat. Dort kommentierten sie als Gäste von Jerzy Klechta aktuelle politische Ereignisse in der TV-Sendung *Bliżej świata* im zweiten Programm. Wohlgemerkt, im staatlichen Fernsehen. Zudem war Renate in den Pressekonferenzen der kommunistischen Regierung gefürchtet. Regierungssprecher Jerzy Urban, das Gesicht der Regierung, lud die internationale Presse ein. Dabei versuchte die Regierung eine gewisse Offenheit vorzugaukeln und strahlte die Pressekonferenzen zeitversetzt im Fernsehen aus. Renates Fragen enthielten jedoch Informationen für die polnische Öffentlichkeit, die vom Staat verschwiegen wurden. Auch in Deutschland blieb sie keine Unbekannte. Ob bei *Boulevard Bio* mit Alfred Biolek oder im *Internationalen Frühschoppen* als Gast bei Werner Höfer. Unermüdlich versuchte Renate, Brücken zu bauen und damit Gräben zu überwinden, die die belastete Vergangenheit gezogen hatte.

1996 entschied sie, es sei genug. Mehr als dreißig Jahre hatte sie aus Polen berichtet. Nun begann ihr masurisches Leben. Fortan engagierte sich Renate für den Naturschutz, kämpfte gegen die Abholzung der alten Alleebäume. Gemeinsam sind wir mit ihrem kleinen Renault, auf dem eine Plakette der polnischen Staatsforstverwaltung klebte, auf ansonsten gesperrten Waldwegen unterwegs gewesen. Wir sprachen mit Förstern, Waldarbeitern, Umweltschützern, Hippies, mit alten Masuren, Altgläubigen, evangelischen und katholischen Pfarrern. Wenn ich aus Warschau kam, konnte ich in Kosewo entspannen. Renates legendäres französisches Rotweindepot, das sie vor dem EU-Beitritt in gewissen Mengen in ihrem kleinen Auto nach Polen geschmuggelt hatte, schrumpfte bei langen Kamingesprächen.

Nachdem sie ihre Stadtwohnung aufgegeben hatte, wohnte sie bei Warschau-Besuchen bei mir in Stary Mokotów. Renate brachte mir immer einen Korb mit masurischen Produkten mit. Honig und frische Eier von Nachbarin Pani Teresa waren stets dabei, meistens jedoch auch ein guter hausgemachter Ziegenkäse. Wenn sie ihr Auto vor meinem Haus parkte, merkte ich die große Freude vieler Nachbarn, die in Renate das freundliche Gesicht einer aufrichtigen Journalistin sahen, das sie aus dem Staatsfernsehen kannten. Auf unseren gemeinsamen Touren spürte man vielfach die Wertschätzung für »Pani Renata«, die ihr viele Menschen entgegenbrachten.

Seit 2007 wohnt Renate bei ihrem Sohn Alexander und Schwiegertochter Dorota in Gałkowo. Die beiden träumten von einem eigenen Hotelbetrieb jenseits des Massentourismus, als sich plötzlich eine unerwartete Gelegenheit auftat. Dorota und Alexander entschieden sich, das abbruchreife ehemalige Jagdhaus der Familie Lehndorff in Steinort, das lange Jahrzehnte als Gasthaus und Geschäft gedient hatte, abzubrechen, um es originalgetreu in Gałkowo wiederaufzubauen. 2007 konnten sie ihr Hotel Potocki Gałkowo eröffnen. Neben dem wunderschönen Haupthaus mit dem gemütlichen Restaurant zählen mehrere geschmackvolle Gebäude auf dem parkähnlichen Grundstück zum Hotel.

Über eine knarrende Holztreppe erreicht man im Obergeschoss den »Salon Marion Dönhoff«, der Renates Werk ist. Hier empfing sie Busreisende und Einzeltouristen, denen sie mit weit über achtzig Jahren vom alten Ostpreußen und dem Leben der ehemaligen Zeit-Herausgeberin Marion Dönhoff erzählte, mit der sie über Jahrzehnte sehr verbunden war. Aus Altersgründen hat sie diese Tätigkeit schweren Herzens eingestellt, ihr Salon soll zukünftig der Marion-Dönhoff-Schule in Nikolaiken zur Verfügung stehen.

Dorota und Alexander haben sich den sanften Tourismus auf die Fahnen geschrieben. Mit ihrem Konzept gelingt ihnen eine wunderbare Verbindung zwischen Historie und Gegenwart. Alles hat eine Patina, nichts wirkt deplatziert, sondern fügt sich harmonisch in die Landschaft ein. Jeder Zaun, jeder Dachziegel – alles entstand möglichst aus alten Materialien. Vor allem aber haben sie mit diesem architektonischen Schatz auch der eigenen Familiengeschichte ein Zuhause gegeben. Die Familie Potocki kennt in Polen jeder, sie zählt zu den bedeutendsten Adelsgeschlechtern des Landes.

Das Potocki Gałkowo ist mittlerweile das lokale Wahrzeichen. Zu Recht preisen internationale Magazine und Reiseführer diesen magischen Ort, der immer mehr Neugierige anzieht. Doch die bewusst überschaubaren Kapazitäten verhindern jede Form von Massentourismus, weshalb es ein Vergnügen ist, den herrlichen masurischen Zander bei einem neuseeländischen Sauvignon blanc auf der Terrasse zu genießen, während der Blick auf den Pferdekoppeln am Waldrand ruht.

2012 verlieh die Republik Polen Renate das Offizierskreuz des Ordens der Wiedergeburt Polens für »ihre hervorragenden Verdienste in der Unterstützung der demokratischen Prozesse in Polen, für wahrheitsgetreue Berichterstattung über die Lage Polens während des Kriegsrechts und ihre besondere journalistische Leistung«. Damit dankte ihr Präsident Bronisław Komorowski im Namen eines ganzen Landes für Werte, die auch heute nichts von ihrer Aktualität eingebüßt haben.

Unprätentiös, mutig und großzügig gegenüber allem und jedem, so habe ich sie kennengelernt. Ihre Liebe für Polen und seine Menschen trägt bis heute und soll auch am Ende dieser *Gebrauchsanweisung für Masuren* stehen.

Aus ihrer Pariser Zeit stammt ein wunderbares Foto, das sie mir einmal schenkte. Renate lehnt sich in einem dunklen Sommerkleid aus dem Fenster ihres Büros, im Hintergrund die Straßen von Paris. Ihre Lebensfreude ist förmlich mit Händen zu greifen. Ihre Neugier war immer ansteckend. Mit offenen Augen durchs Leben zu gehen, Menschen und ihre Geschichten zu entdecken: Das bleibt ein Erfolgsrezept für Weltoffenheit und Toleranz.

Renate ist ein Glücksfall in meinem Leben, weshalb mich unsere Freundschaft mit tiefer Dankbarkeit erfüllt. Ihr Lebenswerk, Polen und Deutsche einander näherzubringen, lebt Renate jeden Tag. Mein Masuren, liebe Leserinnen und Leser, ist und bleibt für mich Renate. Mit ihren 87 Jahren ist sie für mich *die* Gräfin von Masuren – kein Verdienst durch streitbares Geburtsrecht, sondern durch Menschlichkeit.

Literatur

Brandys, Kazimierz: *Warschauer Tagebuch. Die Monate davor. 1978–1981*. Frankfurt am Main 1984.

Budzinski, Robert: *Entdeckung Ostpreußens.* Leer 1994.

Bürger, Klaus: *Kreisbuch Osterode Ostpreußen.* Osterode/Harz 1985.

Crasemann, Wolfgang: *Renate Marsch-Potocka. Ein Leben für die deutsch-polnische Verständigung.* Glienicke 2020.

Daily Mail: »CIA paid me to use airstrip as rendition zone … and to look the other way«, *www.dailymail.co.uk/news/article-2873010/CIA-paid-use-airstrip-rendition-zone-look-way-Former-airport-director-reveals-secret-Polish-staging-post-U-S-torture-programme.html#ixzz3gLkRxdJa.*

Der Kicker: »Schluß mit polnischen Gerüchten. Die Abstammung der Spieler des FC Schalke 04«, Ausgabe Mitteldeutschland Nr. 32 (7.8.1934).

Fröhlich, Elke (Hg.): *Die Tagebücher von Joseph Goebbels. Teil 1, Aufzeichnungen 1923–1941, Bd. 6, August 1938–Juni 1939.* München 1998.

Giordano, Ralph: *Ostpreußen ade. Reise durch ein melancholisches Land*. München 1997.

Goldbeck, Johann Friedrich: *Vollständige Topographie des Königreichs Preußen. Erster Teil: Topographie von Ostpreußen*. Königsberg/Leipzig 1785. [Nachdruck Hamburg 1990: Sonderschriften des Vereins für Familienforschung in Ost- und Westpreußen, Nr. 7.]

Haase, Ernst (Hg.): *Hugo Haase. Sein Leben und Wirken. Mit einer Auswahl von Briefen, Reden und Aufsätzen*. Berlin 1929.

Kaczmarek, Josef: *Die polnischen Arbeiter im Rheinisch-Westfälischen Industriegebiet*. Köln 1922.

Kossert, Andreas: *Masuren. Ostpreußens vergessener Süden*. München 2006.

Kossert, Andreas: »›Und drescht ihr nur die Reußen‹. Der Erste Weltkrieg in Ostpreußen«, in: *Osteuropa 2*, Februar-April 2014, 64. Jahrgang, S. 59–72.

Kurowski, Józef K. (Hg.): *Byli siewcami dobra i miłości … Kurowscy z Wileńszczyzny we wspomnieniach* [Sie säten das Gute und die Liebe … Die Familie Kurowski aus dem Wilnaer Gebiet in Erinnerungen]. Łódź 2018.

Lehndorff, Hans Graf von: *Ostpreußisches Tagebuch. Aufzeichnungen eines Arztes aus den Jahren 1945–1947*. München 2020.

Lenz, Siegfried: *So zärtlich war Suleyken. Masurische Geschichten*. Frankfurt am Main 1968.

Lenz, Siegfried: *Heimatmuseum*. München 1997.

Lipscher, Winfried/Kazimierz Brakoniecki (Hgg.): *Meiner Heimat Gesicht. Ostpreußen im Spiegel der Literatur*. München 1996.

Schimanski, Adolf: *Die wirtschaftliche Lage der Masuren*. Königsberg 1921.

Siudak, Martyna: »Wielki mistrz krzyżacki po godzinach. Jakie ma pasje?« [Im Laufe der Zeit zum Ordensgroßmeister.

Woher stammt jene Faszination?], in: *Gazeta Wyborcza* (14.7.2016).

Solschenizyn, Alexander: *August Vierzehn.* Darmstadt/Neuwied 1972.

Surminski, Arno: *Jokehnen oder Wie lange fährt man von Ostpreußen nach Deutschland?.* Reinbek 1996.

Treitschke, Heinrich von: »Das deutsche Ordensland Preußen«, in: ders.: *Historische und politische Aufsätze.* Leipzig 1865.

Tuchel, Johannes/Uwe Neumärker: *Der 20. Juli 1944 im »Führerhauptquartier Wolfschanze«.* Berlin 2021.

Vollmer, Antje: *Doppelleben: Heinrich und Gottliebe von Lehndorff im Widerstand gegen Hitler und von Ribbentrop.* Frankfurt am Main 2010.

Wank, Otto: »Die Ansiedlung der Philipponen, ein Zeugnis der religiösen Toleranz in Preußen. Mit Listen der alten russischen und der neuen Familiennamen«, in: *Altpreußische Geschlechterkunde.* Neue Folge 28 (1998), S. 1–72.

Weiß, Albert: *Preußisch Litauen und Masuren.* Teil I–III. Rudolstadt 1878/79..

Wiechert, Ernst: *Rede an die deutsche Jugend 1945.* Wien 1945.

Wiechert, Ernst: *Die Jeromin-Kinder.* Frankfurt am Main/Berlin 1994.

Wiechert, Ernst: *Wälder und Menschen. Eine Jugend.* Frankfurt am Main/Berlin 1995.

Wiechert, Ernst: *Jahre und Zeiten. Erinnerungen.* Frankfurt am Main/Berlin 1996.